Recuperare i Centri Sportivi per fermare la criminalità!

Manuale di Criminologia

Giovanni De Ficchy

Iasu Campus Ltd
Editore

Sommario

Questo libro è dedicato alle comunità resilienti d'Italia, che hanno dimostrato una forza e uno spirito straordinario di fronte alle sfide urbane.

La loro incrollabile fede nel potere dell'azione collettiva e il loro impegno nel costruire un futuro migliore ci ispirano ad impegnarsi per una società più inclusiva, sostenibile ed equa.

Possa questo lavoro servire come testimonianza del loro spirito duraturo e come faro di speranza per un futuro più luminoso.

Opera realizzata da Giovanni De Ficchy - www.giovanniscrittore.com

Realizzazione stampa della: GR COMUNICAZIONE GRTC SPA – ROMA su mandato dell'editore: IASU CAMPUS LTD - 27 Old Gloucester Street LONDON – WC1N 3AX - UNITED KINGDOM – Companies House nr. reg. 11760829 - www.iasucampusltd.online – infoiasu@gmail.com

Prefazione

Il paesaggio urbano dell'Italia è un arazzo intessuto di bellezza e complessità.

Le sue città storiche, adornate da capolavori architettonici e immerse nel patrimonio culturale, sono la testimonianza di secoli di ingegno e resilienza umana.

Tuttavia, sotto questa facciata si nasconde una realtà di declino urbano, caratterizzata da spazi trascurati, frammentazione sociale e tassi di criminalità in aumento.

Questo libro intraprende un viaggio per esplorare la sfida multiforme del declino urbano in Italia e propone una soluzione trasformativa: la rivitalizzazione di spazi abbandonati attraverso la creazione di centri sportivi orientati alla comunità.

Basandosi sui principi della criminologia, in particolare sulla teoria delle "finestre rotte", sostenendo che investire in aree trascurate, trasformandole in strutture sportive vivaci, può non solo migliorare l'ambiente fisico, ma anche promuovere un senso di appartenenza alla comunità, sicurezza e inclusione sociale.

Attraverso casi di studio avvincenti, analisi basata sui dati e un approccio olistico, questo libro mira ad accendere un dialogo e ispirare l'azione tra decisori politici, leader della comunità e cittadini.

Presenta un caso convincente per uno sforzo collaborativo che coinvolge autorità locali, membri della comunità e forze dell'ordine per creare spazi urbani più sicuri, più vivaci e resilienti.

Introduzione

Le città d'Italia, un tempo centri vibranti di attività economica ed espressione culturale, ora affrontano una complessa rete di sfide.

Decenni di ristrutturazione economica, deindustrializzazione e spostamenti di popolazione hanno lasciato il segno sui paesaggi urbani, con conseguente comparsa di spazi abbandonati, frammentazione sociale e aumento dei tassi di criminalità.

Queste aree trascurate non solo sminuiscono l'attrattiva estetica delle città, ma esacerbano anche le disuguaglianze sociali, contribuendo a un ciclo di declino e disperazione.

La teoria delle "finestre rotte", pietra angolare della criminologia, sottolinea l'intima connessione tra deterioramento fisico e disordine sociale.

Postula che segni visibili di abbandono, come edifici abbandonati e graffiti, possano segnalare una mancanza di controllo sociale e incoraggiare ulteriori attività criminali.

Questa teoria è particolarmente rilevante per il contesto italiano, dove la proliferazione di spazi abbandonati ha creato un terreno fertile per il crollo sociale e la criminalità.

In risposta a questa esigenza urgente, questo libro propone un approccio audace e innovativo: la rivitalizzazione strategica di spazi abbandonati attraverso la creazione di centri sportivi orientati alla comunità. Attingendo al potere trasformativo dello sport, sostenendo che questi centri possono fungere da catalizzatori per l'emancipazione della comunità, lo sviluppo economico e la prevenzione della criminalità.

Investendo in aree trascurate e trasformandole in centri di attività vivaci, possiamo non solo migliorare l'ambiente fisico, ma anche promuovere un senso di appartenenza alla comunità, sicurezza e inclusione sociale. Questo approccio offre un'alternativa convincente alle strategie tradizionali di prevenzione della criminalità, abbracciando una prospettiva olistica che affronta le cause profonde del declino urbano.

Il paesaggio urbano italiano

Il paesaggio urbano dell'Italia, un tempo un vivace arazzo di città fiorenti e centri industriali indaffarati, ha subito una profonda trasformazione negli ultimi decenni.
Gli echi della prosperità economica e industriale potrebbero essere svaniti, lasciando dietro di sé una cruda realtà di declino urbano, un fenomeno che ha lasciato il segno in innumerevoli città e paesi italiani.
Per comprendere le complessità di questo declino, dobbiamo approfondire i fattori storici e contemporanei che hanno plasmato questa complessa metamorfosi urbana.
Il periodo successivo alla Seconda guerra mondiale ha visto un periodo di notevole crescita economica in Italia, caratterizzato da una rapida industrializzazione e urbanizzazione.
Città come Milano, Torino e Genova sono diventate calamite per la migrazione interna, attirando individui in cerca di opportunità di lavoro in fabbriche e industrie di nuova costituzione.
Quest'epoca, nota come "miracolo economico", ha alimentato un'ondata di sviluppo urbano e prosperità, creando un senso di ottimismo e progresso.
Tuttavia, i semi del declino urbano furono piantati proprio durante questo periodo di prosperità economica.
La dipendenza dalle industrie pesanti, sebbene inizialmente abbia guidato la crescita economica, alla fine si è rivelata un'arma a doppio taglio.
Le industrie pesanti, in particolare nel nord Italia, erano suscettibili ai cambiamenti economici globali e ai progressi tecnologici.

Il declino delle industrie manifatturiere tradizionali, unito all'ascesa dell'automazione e della globalizzazione, ha portato un graduale spostamento dell'attività economica lontano dal cuore industriale dell'Italia.

Gli anni '70 hanno segnato una svolta in questa narrazione economica, inaugurando un periodo di ristrutturazione economica e deindustrializzazione che avrebbe avuto un impatto profondo sulle città italiane. La chiusura delle fabbriche, la perdita di posti di lavoro e il declino delle industrie tradizionali hanno creato un effetto a catena in tutti i paesaggi urbani.

I centri industriali un tempo vivace hanno contribuito a un declino dell'attività economica, lasciando dietro di sé un'eredità di fabbriche abbandonate, magazzini vuoti e proprietà inutilizzate.

Questa ristrutturazione economica coincide con significativi cambiamenti demografici. Il fascino dei centri industriali, un tempo irresistibile, ha iniziato a scemare con la concessione delle opportunità.

I giovani, in cerca di prospettive migliori, furono attratti dalle città più grandi o emigrarono in altri paesi in cerca di lavoro.

Questo esodo di generazioni più giovani ha lasciato dietro di sé una popolazione anziana, esacerbando ulteriormente le sfide del declino urbano.

Il tessuto sociale ed economico di queste città un tempo vivace iniziò a sfilacciarsi.

I tassi di disoccupazione aumentano, creando un ciclo di povertà ed esclusione sociale.

Il declino dei posti di lavoro industriali portò a un'impennata della disoccupazione, in particolare tra i colletti blu che un tempo costituivano la spina dorsale della forza lavoro industriale.

Questa perdita di reddito ha avuto un profondo impatto sulle famiglie e sulle comunità, contribuendo all'aumento di problemi sociali come povertà, criminalità ed esclusione sociale.

Gli spazi abbandonati, un tempo simboli del potere industriale, divennero desolati ricordi di un'epoca passata.

Questi spazi, lasciati incustoditi e dimenticati, divennero calamite per disordini sociali e criminalità. L'assenza di attività economica e il declino del controllo sociale creano un terreno fertile per attività illecite e comportamenti devianti.

La teoria delle "finestre rotte", che postula un collegamento tra deterioramento fisico e disordine sociale, acquisì rilevanza in questo contesto.

La presenza di edifici abbandonati, muri coperti di graffiti e infrastrutture trascurate segnalavano una mancanza di ordine e controllo, favorendo ulteriore decadimento e illegalità.

Il problema del declino urbano in Italia non si limita alla sfera economica e sociale; comprende anche una dimensione ambientale più ampia.

I siti industriali abbandonati, spesso contaminati da materiali pericolosi, presentano rischi ambientali significativi.

La negligenza delle infrastrutture, compresi i sistemi idrici e le reti fognarie, ha contribuito al degrado ambientale, minacciando la salute e il benessere dei residenti.

Per affrontare le sfide multiformi del declino urbano, sono fondamentali soluzioni innovative.

Gli approcci tradizionali, spesso focalizzati su progetti di rinnovamento urbano su larga scala, spesso non sono riusciti a ottenere un cambiamento duraturo.

La necessità di un approccio più localizzato e guidato dalla comunità sta diventando sempre più evidente.
I capitoli seguenti esploreranno il potenziale trasformativo del riutilizzo di spazi abbandonati, in particolare trasformandoli in centri sportivi orientati alla comunità, come strategia praticabile per affrontare il declino urbano e la criminalità in Italia.

I costi sociali ed economici dell'incuria

Gli spazi trascurati all'interno delle città italiane dipingono un quadro crudo di degrado sociale ed economico.
Sono testimoni silenziosi delle lotte di comunità dimenticate, rispecchiano le più ampie sfide economiche e sociali che l'Italia ha affrontato negli ultimi decenni.
Questi spazi, spesso fabbriche abbandonate, magazzini vuoti o parchi incolti, diventano terreno fertile per la criminalità, la povertà e l'esclusione sociale.
Il loro degrado non è semplicemente un danno estetico, ma un sintomo di mali sociali più profondi.
La teoria delle "Finestre rotte", una pietra miliare del pensiero criminologico, offre una lente toccante attraverso la quale comprendere il legame tra degrado fisico e disordine sociale.
I sostenitori di questa teoria sostengono che i segni visibili di incuria, come finestre rotte, graffiti ed edifici abbandonati, inviano un potente messaggio di indifferenza e illegalità.
Questo, a sua volta, incoraggia l'attività criminale, favorendo un ulteriore declino e creando, in ultima analisi, un ciclo di degrado che si auto-perpetua.

Ciclo di degrado che si auto-perpetua

L'incuria genera disperazione e mancanza di speranza, portando alla perdita dello spirito comunitario e a un senso di alienazione.

Con il deterioramento dei quartieri, i residenti possono sentirsi intrappolati, con un accesso limitato ai servizi essenziali, alle opportunità di lavoro e persino a strutture di base come gli spazi verdi.

Questo senso di isolamento aggrava ulteriormente i problemi sociali, alimentando la criminalità e la povertà.

I costi sociali dell'abbandono degli spazi urbani sono molteplici.

I tassi di povertà aumentano con la diminuzione delle opportunità di lavoro difficoltà economiche e vulnerabilità sociale.

La mancanza di spazi pubblici sicuri limita le opportunità di svago, socializzazione e di impegno nella comunità, contribuendo all'isolamento sociale e favorendo un senso di emarginazione.

Le conseguenze economiche sono altrettanto profonde.

Gli spazi trascurati diventano un salasso per le risorse locali, in quanto richiedono costosi interventi di bonifica e ripristino.

La mancanza di investimenti in queste aree ostacola lo sviluppo economico, dissuadendo le imprese e scoraggiando la creazione di posti di lavoro.

Nel contesto italiano, la ristrutturazione economica e la deindustrializzazione degli ultimi decenni hanno contribuito in modo significativo al declino di molte aree urbane.

Con la chiusura delle fabbriche e la scomparsa dei posti di lavoro, le comunità sono rimaste con la disoccupazione, la povertà e i disordini sociali.

I costi sociali ed economici dell'abbandono degli spazi urbani non sono solo concetti astratti, ma sono sentiti profondamente dagli individui e dalle famiglie che chiamano questi quartieri casa.

I bambini che crescono in aree trascurate hanno maggiori probabilità di sperimentare la povertà, la mancanza di accesso a un'istruzione di qualità e l'esposizione alla criminalità, tutti fattori che possono avere effetti negativi duraturi sul loro benessere e sulle loro possibilità di vita.

Per esempio, nella città di Napoli, il famigerato "Spaccanapoli".

L'area di "Spaccanapoli", un tempo vivace mercato, è caduta in rovina.

Edifici abbandonati, infrastrutture fatiscenti

Le infrastrutture fatiscenti e la criminalità di strada dilagante hanno creato un clima di paura e insicurezza.

Il disagio economico e l'esclusione sociale vissuti da molti residenti in questo quartiere sono direttamente collegati all'incuria dell'ambiente fisico.

Allo stesso modo, nella città industriale di Torino, il declino dell'industria automobilistica ha lasciato molti quartieri in difficoltà, con un alto tasso di disoccupazione, la povertà e un senso di essere senza alcuna speranza.

Il degrado fisico degli spazi industriali della città serve a ricordare i costi sociali ed economici del declino industriale.

Le conseguenze dell'abbandono degli spazi urbani si estendono oltre i quartieri immediati.

I tassi di criminalità nelle aree trascurate possono riversarsi nelle comunità vicine, creando un effetto a catena di paura e instabilità.

La mancanza di investimenti nelle aree trascurate diminuisce anche la qualità complessiva della vita dei residenti di intere città, poiché contribuisce al declino dei servizi pubblici, delle infrastrutture e dell'attrattiva complessiva dell'ambiente urbano.

È importante riconoscere che la trascuratezza degli spazi urbani non è semplicemente una questione estetica.

È un problema sociale ed economico profondo che ha conseguenze di vasta portata per gli individui, le comunità e le intere città.

La trasformazione degli spazi trascurati non è solo una questione di estetica, ma un passo fondamentale verso la costruzione di una società più giusta ed equa.

Il ruolo degli spazi abbandonati nel degrado urbano

Gli spazi abbandonati che punteggiano il tessuto urbano di molte città italiane non sono semplici lotti vuoti; sono potenti simboli del degrado urbano e potenti catalizzatori per la sua escalation.

Questi desolati resti di un'epoca passata, un tempo vivaci centri del commercio, dell'industria o della vita comunitaria, sono ora silenziose testimonianze del declino, il cui vuoto riecheggia lo svuotamento del tessuto urbano.

Questo svuotamento è amplificato dalla presenza di spazi abbandonati, che non solo rovinano il paesaggio fisico, ma creano anche un fertile terreno di coltura per il disordine sociale e la criminalità.

La teoria delle "finestre rotte

Proposta per la prima volta da James Q. Wilson e George Kelling, fornisce un potente quadro di riferimento per comprendere l'insidioso legame tra degrado fisico e disordine sociale.
Il principio postula che i segni visibili del crimine e dell'incuria, come graffiti, finestre rotte e spazi abbandonati, segnalano una mancanza di ordine e il mancato rispetto delle norme della comunità.
Gli spazi abbandonati, segnalano una mancanza di ordine e un'inosservanza delle norme comunitarie.
Questi spazi trascurati fungono da faro per ulteriori devianze, attirando individui che percepiscono una mancanza di controllo sociale e una maggiore opportunità di attività criminali. Man mano che questi spazi proliferano diventano sempre più vulnerabili al vandalismo, all'uso di droghe illecite e all'attività criminale, spingendo ulteriormente i residenti in una spirale di paura e sfiducia.

I costi sociali di questi spazi abbandonati sono molteplici

I residenti spesso riferiscono di provare un senso di insicurezza e isolamento, poiché il deterioramento fisico del loro quartiere erode il loro senso di appartenenza e sicurezza.
Questo diminuito senso di appartenenza alla comunità e di responsabilità condivisa favorisce un clima di apatia e di

inazione, alimentando ulteriormente il fenomeno dell'abbandono.

Ciclo di declino

I tassi di criminalità tendono ad aumentare, spinti dalla percezione di illegalità e dall'assenza di un'efficace azione di polizia in queste aree trascurate.
Inoltre, gli spazi abbandonati spesso diventano paradisi per attività illecite, come il traffico di droga, la prostituzione e l'attività delle bande, esacerbando ulteriormente il senso di paura e insicurezza.
Le conseguenze economiche degli spazi abbandonati sono altrettanto devastanti.
Questi spazi trascurati rappresentano un'opportunità mancata di crescita economica e di rivitalizzazione.
La presenza di immobili abbandonati ha un impatto negativo sul valore delle proprietà e scoraggia gli investimenti nel quartiere circostante, creando un circolo vizioso.
Il potenziale di disordine sociale e criminalità scoraggia ulteriormente le imprese dall'insediarsi in queste aree, con conseguente mancanza di opportunità di lavoro e di attività economica.
Un esempio toccante dell'impatto degli spazi abbandonati si può trovare nel distretto industriale un tempo fiorente di Milano.
Un tempo centro di produzione e commercio un tempo fulcro della produzione e del commercio, l'area ha sofferto di un significativo declino economico dovuto alla deindustrializzazione e alla globalizzazione.

La chiusura delle fabbriche e l'abbandono degli edifici industriali hanno lasciato dietro di sé un paesaggio desolato, punteggiato da strutture abbandonate e lotti liberi.

Questi spazi abbandonati sono diventati calamite per il vandalismo e l'attività criminali, che hanno portato a un declino del valore delle proprietà, all'esodo dei residenti e a un aumento della criminalità.

La comunità, un tempo fiorente, è stata lasciata alle prese con un senso di disperazione e un senso di speranza in diminuzione.

Questi spazi non sono semplicemente vuoti, ma pullulano di forze sociali invisibili, difficili da quantificare ma percepite da chi vive alla loro ombra.

Sono un simbolo potente dell'abbandono, una testimonianza del fallimento delle istituzioni nell'affrontare le sfide sociali ed economiche che si trovano ad affrontare.

Delle istituzioni nell'affrontare le sfide sociali ed economiche comunità emarginate.

Sono una manifestazione tangibile dell'erosione del capitale sociale, dello sgretolamento dei legami comunitari e della diminuzione della fiducia nelle istituzioni che dovrebbero proteggere e servire.

Affrontare il problema degli spazi abbandonati richiede un approccio su più fronti, che vada oltre i semplici miglioramenti estetici.

È necessaria una strategia globale che affronti i fattori sociali ed economici sottostanti che ne alimentano l'esistenza e che preveda uno sforzo di collaborazione tra agenzie governative, organizzazioni comunitarie e residenti, tra agenzie governative, organizzazioni comunitarie e residenti.

Questa strategia deve dare priorità alla rivitalizzazione, con l'obiettivo di trasformare questi spazi trascurati in vivaci centri di attività comunitaria che favoriscano l'inclusione sociale, l'emancipazione economica e un rinnovato senso di speranza.

Tuttavia, la semplice pulizia degli spazi abbandonati non è sufficiente.

Il processo di rivitalizzazione deve basarsi su una profonda comprensione delle realtà sociali ed economiche che caratterizzano questi quartieri.

Richiede uno sforzo collaborativo che riunisca residenti, leader della comunità e agenzie governative per identificare e affrontare le cause profonde del declino.

Questo approccio collaborativo deve dare priorità alle voci di coloro che sono maggiormente colpiti da questi spazi abbandonati, garantendo che le loro esigenze e aspirazioni sono in primo piano in qualsiasi sforzo di rivitalizzazione.

L'importanza di un approccio olistico al rinnovamento urbano non può essere sopravvalutata. Sostituire semplicemente le finestre rotte e rimuovere i detriti non risolve i fattori sociali ed economici alla base del declino.

La vera trasformazione richiede una strategia olistica che affronti le dimensioni sociali, economiche e ambientali del degrado urbano,

Questo approccio deve comportare uno sforzo di collaborazione tra le agenzie governative, le organizzazioni comunitarie e i residenti, per investire nel capitale umano di questi quartieri.

Nei capitoli successivi analizzeremo come il potere trasformativo dello sport

Il potere trasformativo dello sport per rivitalizzare gli spazi abbandonati e costruire comunità più forti e resilienti.

comunità più forti e resistenti.

Trasformando questi spazi trascurati in vivaci centri sportivi comunitari, possiamo promuovere un rinnovato senso di appartenenza, orgoglio e speranza e, in ultima analisi, contribuire a un futuro più luminoso per questi quartieri, contribuire a un futuro più luminoso per le città italiane.

Questo approccio ha il potenziale per dare potere alle comunità, creare opportunità economiche e affrontare i fattori sociali ed economici che contribuiscono al declino urbano.

È una visione per un paesaggio urbano più inclusivo, equo e resiliente.

Un paesaggio urbano più inclusivo, equo e resiliente, in cui gli spazi abbandonati non siano più un simbolo di incuria, ma una testimonianza del potere trasformativo della comunità e dell'indomito spirito umano.

La teoria delle finestre rotte e la sua rilevanza

La teoria delle finestre rotte, proposta originariamente da James Q. Wilson e George Kelling nel 1982, sostiene una diretta correlazione diretta tra segni visibili di criminalità e disordine, come finestre rotte, graffiti e rifiuti, e un'escalation di attività criminali più gravi.

Questa teoria sostiene che la presenza di tale degrado fisico segnala una mancanza di controllo sociale e incoraggia ulteriori atti di vandalismo e illegalità.

La teoria suggerisce che, quando anche i reati minori non vengono controllati, si crea un ambiente in cui è più probabile che si verifichino crimini più gravi.

Questa teoria ha implicazioni significative per la pianificazione urbana e la prevenzione del crimine, in particolare nel contesto del paesaggio urbano italiano.

La presenza di edifici abbandonati, di spazi pubblici trascurati e di graffiti diffusi, fin troppo comuni in molte città italiane, può essere vista come una sorta di "finestre rotte", trasmettendo un messaggio di incuria e disordine.

Questo, secondo la teoria delle finestre rotte, può creare un circolo vizioso in cui piccoli atti di vandalismo e criminalità rimangono incontrollati, portando a un ulteriore declino dell'ordine sociale e a un aumento di attività criminali più gravi.

In Italia, l'eredità storica del declino economico

La deindustrializzazione e l'espansione urbana hanno contribuito alla proliferazione di spazi abbandonati, creando un terreno fertile per il disordine sociale e la criminalità.

Questi spazi trascurati non solo diventano un pugno nell'occhio, ma fungono anche da calamita per le attività criminali, fornendo opportunità per lo spaccio di droga, l'attività delle bande e altri atti illegali.

Le attività delle bande e altri atti illegali

La mancanza di investimenti in queste aree crea un senso di disaffezione tra i residenti, portando a una perdita di orgoglio comunitario e a un indebolimento dei legami sociali.

La rilevanza della teoria delle finestre rotte per l'Italia è ulteriormente amplificata dal contesto sociale e culturale unico del Paese.

Le tradizionali strutture sociali italiane, caratterizzate da forti legami familiari e coesione comunitaria, sono state erose dalle difficoltà economiche e dall'immigrazione, lasciando dietro di sé un vuoto di controllo sociale in alcune aree.

Questo, unito al degrado fisico degli spazi urbani, ha creato un ambiente fertile per la diffusione della criminalità e del disordine sociale.

Un esempio lampante di questa dinamica si può osservare nella città di Napoli, dove il centro storico è pieno di edifici abbandonati, graffiti e infrastrutture fatiscenti.

Questo stato di abbandono ha favorito un senso di illegalità, portando a un aumento dei piccoli furti, del traffico di droga e della criminalità organizzata.

La mancanza di proprietà e di investimenti della comunità in queste aree ha contribuito alla rottura dell'ordine sociale, facendo sentire i residenti vulnerabili e impotenti.

Un altro esempio eloquente è la città di Palermo, in Sicilia, dove il centro storico, un tempo vivace centro di commercio e cultura, soffre ora di incuria e degrado.

La presenza di edifici abbandonati, facciate ricoperte di graffiti e spazi pubblici trascurati segnala una mancanza di cura e attenzione, creando un ambiente favorevole alla criminalità.

La rilevanza della teoria è evidente nella lotta della città contro la criminalità organizzata, che ha sfruttato il vuoto di controllo sociale e il deterioramento fisico, di controllo sociale e di degrado fisico per affermare il proprio dominio.

La teoria delle finestre rotte sottolinea l'importanza di mantenere un ambiente pulito e ordinato come mezzo per prevenire il crimine e promuovere un senso di comunità. Sottolinea la necessità di interventi proattivi per affrontare anche atti di disordine apparentemente minori, come la rimozione dei graffiti, la pulizia delle strade e la manutenzione degli spazi pubblici.

Tali interventi non solo migliorano l'ambiente fisico ma inviano anche un messaggio di controllo sociale, scoraggiando ulteriori atti di criminalità e vandalismo.

Nel contesto italiano, la teoria delle finestre rotte serve a ricordare la necessità di un approccio globale al rinnovamento urbano che vada oltre il puro sviluppo economico.

È necessario concentrarsi sulla coesione sociale, sull'impegno della comunità e sulla creazione di spazi sicuri e accoglienti per tutti i residenti.

Ampi spazi sicuri e accoglienti per tutti i residenti

La teoria sottolinea la necessità di un approccio olistico che affronti sia la dimensione fisica che quella sociale del degrado urbano.

Investire nella rivitalizzazione di spazi urbani trascurati in Italia, trasformandoli in vivaci centri sportivi comunitari, può avere un profondo impatto sul benessere sociale ed economico delle comunità.

Questi progetti non si limitano a risolvere il problema del degrado fisico degli spazi urbani, ma creano un senso di appartenenza e di orgoglio, favorendo l'impegno della comunità e riducendo la criminalità.

Offrendo opportunità di attività ricreative, interazione sociale e sviluppo di competenze, i centri sportivi comunitari possono contribuire a ricostruire i legami sociali e a promuovere una società più coesa.

In conclusione, la teoria delle finestre rotte ha una profonda rilevanza per il contesto italiano, evidenziando l'interconnessione tra il degrado fisico e la criminalità.

La teoria sottolinea l'importanza di affrontare sia la dimensione fisica che quella sociale del degrado urbano, sottolineando il potere trasformativo dello sviluppo sportivo a livello comunitario nella creazione di spazi urbani più sicuri e resilienti.

Investendo nella rivitalizzazione di spazi abbandonati e trasformandoli in vivaci centri sportivi comunitari, l'Italia può non solo affrontare le sfide fisiche del declino urbano, ma anche promuovere un più forte senso di comunità e coesione sociale, aprendo la strada a un futuro più sostenibile e prospero.

La necessità di soluzioni innovative

L'urgenza di trovare soluzioni innovative per affrontare il declino urbano e la criminalità in Italia è fondamentale.

Gli approcci tradizionali, spesso incentrati sull'applicazione della legge e su misure reattive, si sono rivelati insufficienti per arginare la marea di disordine sociale e di difficoltà economiche che affligge molte città italiane.

I limiti di questi metodi diventano evidenti quando si considerano le cause profonde del declino urbano, che vanno oltre l'attività criminale e comprendono questioni sistemiche come la ristrutturazione economica, la deindustrializzazione e le disuguaglianze sociali.

La teoria delle "finestre rotte", discussa nel paragrafo precedente, fornisce un quadro cruciale per comprendere l'interconnessione tra degrado fisico e disordine sociale.

La presenza di spazi abbandonati, spesso indicativi di incuria e mancanza di investimenti, può fungere da catalizzatore per un ulteriore declino, creando un ciclo di disperazione e disinvestimento.

Il deterioramento dell'ambiente fisico

Il deterioramento dell'ambiente fisico, caratterizzato da infrastrutture fatiscenti, muri ricoperti di graffiti e lotti sfitti, segnala una mancanza di cura e di responsabilità, contribuendo a creare un senso di disordine sociale.
Questo, a sua volta, incoraggia l'attività criminale, in quanto gli individui percepiscono questi spazi come privi di legge e di protezione, aggravando ulteriormente il ciclo di declino.
Pertanto, è fondamentale la necessità di soluzioni innovative che affrontino le cause alla base del declino urbano, piuttosto che concentrarsi solo sui sintomi.
L'attenzione dovrebbe essere rivolta alla creazione di un senso di appartenenza e di proprietà all'interno di queste comunità, e di appartenenza all'interno di queste comunità, dando ai residenti la possibilità di assumere un ruolo attivo nel plasmare il loro ambiente.
Il recupero di spazi abbandonati rappresenta un'opportunità unica per la rivitalizzazione urbana, in particolare se trasformati in centri sportivi orientati alla comunità.
Tali centri fungono da potenti catalizzatori per un cambiamento sociale positivo, favorendo la coesione della comunità, determinando un cambiamento sociale positivo, favorendo la coesione della comunità, promuovendo stili di vita sani e offrendo opportunità di sviluppo economico.

Trasformando spazi trascurati in centri sportivi vivaci e accessibili, possiamo non solo migliorare l'ambiente fisico, ma anche affrontare i fattori sociali ed economici che contribuiscono al declino urbano.

Fattori economici che contribuiscono al declino urbano

L'integrazione dello sport nelle iniziative di rinnovamento urbano è molto promettente.
Lo sport ha la capacità intrinseca di unire gli individui, di costruire ponti attraverso le divisioni sociali e di fornire un senso di scopo e di appartenenza.
I centri sportivi orientati alla comunità possono fungere da centri di interazione sociale,
offrendo agli individui uno spazio per entrare in contatto, imparare nuove abilità e sviluppare un senso di orgoglio comunitario.
Questi centri possono anche fungere da piattaforme per promuovere l'inclusività, assicurando che tutti i membri della comunità, a prescindere dal loro background o dalla loro condizione socioeconomica, abbiano accesso ai centri sportivi.
Lo status socioeconomico, abbiano accesso a opportunità di attività fisica, impegno sociale e opportunità di attività fisica, impegno sociale e crescita personale.
Inoltre, i benefici economici degli investimenti in infrastrutture sportive sono innegabili.
I centri sportivi possono creare posti di lavoro, attirare turismo e stimolare le economie locali.
La creazione di queste strutture offre opportunità di lavoro agli operai addetti alla costruzione, alla manutenzione e ai professionisti dello sport, mentre l'aumento dell'attività

generato da questi centri può dare impulso alle imprese locali e attirare visitatori.

Il contesto italiano presenta un'opportunità unica per implementare questo modello di rivitalizzazione urbana. I ricco patrimonio sportivo del Paese, unito alle crescenti sfide urbane, offre un terreno fertile per l'innovazione e la sperimentazione.

Traendo ispirazione da programmi sportivi comunitari di successo in altre parti del mondo e adattandoli al contesto italiano, possiamo dimostrare il potere trasformativo dello sport nell'affrontare le sfide multiformi del declino urbano.

Tuttavia, il successo di queste iniziative dipende dall'impegno di tutte le parti interessate, compresi i responsabili politici, i leader delle comunità e i residenti locali.

È necessario un cambiamento di mentalità, la volontà di abbracciare soluzioni innovative e una visione condivisa per un futuro urbano più giusto ed equo.

Investendo nello sviluppo sportivo orientato alla comunità, possiamo sbloccare il potenziale per una nuova era di rinnovamento urbano in Italia, creando spazi urbani più sicuri, più vivaci e più inclusivi per tutti.

Il potere trasformativo dello sport si estende ben oltre i confini del campo da gioco.

Possiede una capacità intrinseca di agire come catalizzatore per il cambiamento sociale, promuovendo inclusività, coesione della comunità e potenziamento individuale negli ambienti urbani.

Lo sport, con la sua innata capacità di unire le persone, trascende i confini culturali e socioeconomici, creando un'esperienza condivisa che promuove un senso di appartenenza.

Questa esperienza condivisa funge da potente strumento per abbattere le barriere e promuovere un senso di comunità, in particolare nelle aree afflitte da isolamento sociale ed emarginazione.

Creando spazi in cui individui diversi possono impegnarsi in attività condivise, i centri sportivi possono creare legami che trascendono le divisioni sociali, promuovendo comprensione, rispetto e cooperazione.

Un esempio convincente dello sport come forza per l'inclusione sociale può essere osservato nelle vivaci leghe di calcio di strada che sono emerse nelle comunità emarginate in tutta Italia.

Queste leghe, spesso organizzate da gruppi della comunità locale o organizzazioni non-profit, forniscono una piattaforma per i giovani di diversa estrazione per riunirsi, competere e costruire relazioni.

Forniscono un senso di scopo e direzione, offrendo uno sbocco costruttivo per la loro energia e le loro aspirazioni. Inoltre, queste leghe spesso fungono da ponte tra i giovani ei mentori adulti, offrendo opportunità di modello di ruolo, guida e supporto, che possono avere un impatto significativo sulla traiettoria delle giovani vite.

Oltre a favorire la coesione sociale, lo sport svolge un ruolo fondamentale nell'emancipare gli individui, in particolare i gruppi emarginati, offrendo loro opportunità di crescita personale, sviluppo delle competenze e leadership.

La partecipazione allo sport può infondere sicurezza, disciplina e resilienza, favorendo un senso di autostima e capacità di azione.

Per i giovani, lo sport può fungere da percorso verso l'istruzione, l'occupazione e la mobilità sociale, aprendo le porte a opportunità che altrimenti potrebbero essere inaccessibili.

Il potenziale particolarmente potenziale di empowerment dello sport è evidente nel caso di ragazze e donne che storicamente hanno dovuto affrontare barriere significative alla partecipazione sportiva.

Fornendo a ragazze e donne l'accesso ad ambienti sportivi sicuri e accoglienti, possiamo dare loro gli strumenti per abbattere gli stereotipi di genere e proseguire le loro aspirazioni sportive.

Questo empowerment può avere un profondo impatto sul loro benessere generale, portando una maggiore autostima, una migliore salute fisica e mentale e una migliore capacità di leadership.

Lo sport può anche svolgere un ruolo fondamentale nella lotta all'esclusione sociale, affrontando le cause sottostanti l'emarginazione.

Creando programmi sportivi accessibili e inclusivi, su misura per le esigenze specifiche delle comunità emarginate, possiamo affrontare problemi di povertà, disabilità e discriminazione.

Ciò può includere la fornitura di assistenza finanziaria per garantire l'accesso all'attrezzatura e all'allenamento, l'adattamento delle attività sportive per accogliere le disabilità e la promozione della diversità e dell'inclusione in tutti gli aspetti della programmazione sportiva.

Nel contesto italiano, dove comunità storicamente emarginate affrontano sfide significative, i programmi.

Lo sport come veicolo di sviluppo economico

I benefici economici degli investimenti in infrastrutture sportive vanno ben oltre i costi immediati di costruzione e manutenzione.

Se lo sport diventa uno strumento di rinnovamento urbano, le comunità sbloccano un'infinità di opportunità economiche che possono rivitalizzare i quartieri e creare un benessere duraturo.

Creazione di posti di lavoro:

Lo sviluppo di impianti sportivi genera un numero considerevole di posti di lavoro in vari settori. Costruzione, ingegneria e progettazione sono impiegati durante la fase iniziale della costruzione dell'infrastruttura.

Una volta in funzione, l'impianto richiede una forza lavoro per manutenzione, gestione e funzionamento.

Tra questi vi sono i custodi, il personale di sicurezza, il personale addetto agli eventi e gli allenatori.

Inoltre, l'aumento della domanda di beni e servizi legati allo sport, come l'abbigliamento sportivo, le attrezzature e il catering, stimola ulteriormente la creazione di posti di lavoro nelle imprese locali.

Questo effetto moltiplicatore si ripercuote sull'economia locale, incrementando l'occupazione e l'attività economica.

Turismo e sviluppo delle destinazioni:

Gli eventi sportivi, in particolare i grandi tornei e campionati, attirano un notevole afflusso di turisti.

Questi eventi generano entrate dalla vendita di biglietti, dalle prenotazioni alberghiere, dalla ristorazione e dalla spesa al dettaglio.

La presenza di impianti sportivi di livello mondiale trasforma una città in un'ambita destinazione turistica, attirando visitatori dall'interno e dall'esterno del Paese.

Impianti sportivi che possono fungere da faro di speranza e opportunità.
Fornendo spazi sicuri per l'interazione sociale, lo sviluppo delle competenze e la crescita personale, le iniziative sportive possono dare potere agli individui per superare le avversità e contribuire al benessere delle loro comunità.
Inoltre, lo sport può fungere da potente strumento per promuovere la comprensione interculturale e abbattere gli stereotipi.
Riunendo individui provenienti da contesti culturali diversi, le iniziative sportive possono promuovere empatia, tolleranza e rispetto, creando le basi per una società più inclusiva e armoniosa.
Il potenziale dello sport come catalizzatore del cambiamento sociale non si limita ai programmi per i giovani.
Lo sport può anche svolgere un ruolo significativo nel sostenere il benessere sociale ed economico degli adulti, in particolare nelle comunità emarginate. Le leghe sportive per adulti ei programmi ricreativi basati sulla comunità possono offrire opportunità di interazione sociale, attività fisica e sviluppo delle competenze, promuovendo un senso di scopo e appartenenza.
Possono anche fungere da piattaforme per l'impegno della comunità, promuovendo la collaborazione e l'azione collettiva su questioni che interessano il quartiere.

Il potere trasformativo dello sport non è solo teorico; è supportato da un crescente corpo di prova che dimostra l'impatto positivo dello sport su individui, comunità e società.

Gli studi hanno dimostrato che la partecipazione allo sport può portare a una migliore salute fisica e mentale, a una riduzione dei tassi di criminalità, a un miglioramento delle prestazioni accademiche e a una maggiore mobilità sociale.

Questa prova sottolinea il ruolo fondamentale che lo sport può svolgere nell'affrontare alcune delle sfide più urgenti che le comunità urbane devono affrontare.

In conclusione, lo sport ha un potenziale unico e potente per promuovere il cambiamento sociale, promuovendo l'inclusività, la coesione della comunità e l'emancipazione individuale.

Sfruttando il potere trasformativo dello sport, possiamo creare comunità urbane più giuste, eque e vivaci che offrono opportunità a tutti i membri della società di prosperare.

L'Italia, con la sua ricca storia sportiva e la sua appassionata base di tifosi, rappresenta un'ottima opportunità per sfruttare lo sport come strumento di sviluppo economico e di rinnovamento urbano. Molte città italiane sono alle prese con il declino urbano e le sfide della stagnazione economica. Investendo nelle infrastrutture sportive, in particolare nelle aree trascurate, l'Italia può sbloccare il potenziale economico delle sue città, creare posti di lavoro e promuovere lo sviluppo della comunità.

Investire nel futuro

I benefici economici degli investimenti in infrastrutture sportive sono innegabili.

Creando posti di lavoro, attirando turisti e favorendo lo sviluppo delle comunità, lo sport svolge un ruolo fondamentale nella rivitalizzazione delle aree urbane e nella crescita economica.

Investire nello sport non significa solo costruire impianti, ma investire nel futuro delle comunità, creando opportunità di inclusione sociale e di prosperità economica.

Sono opportunità di inclusione sociale, prosperità economica e un futuro più luminoso per tutti.

L'importanza della sostenibilità

Sebbene i benefici economici degli investimenti in infrastrutture sportive siano evidenti, è fondamentale affrontare questo impegno con un occhio di riguardo alla sostenibilità.

Lo sviluppo e il funzionamento degli impianti sportivi devono essere responsabili, riducendo al minimo l'impatto sull'ambiente e promuovendo l'efficienza delle risorse.

Ciò include l'adozione di pratiche di bioedilizia, l'incorporazione di fonti di energia rinnovabili e la promozione di pratiche di gestione sostenibile dei rifiuti.

Promuovere l'inclusione sociale

L'accesso equo alle strutture sportive è fondamentale per massimizzare i benefici degli investimenti in infrastrutture sportive.

Questo significa garantire che tutti i segmenti della comunità di qualità, indipendentemente dal loro background socioeconomico o dalle loro capacità fisiche.

La progettazione di impianti sportivi inclusivi e accessibili a tutti può promuovere l'inclusione sociale e abbattere le barriere alla partecipazione.

Un approccio collaborativo

Il successo dell'implementazione di progetti di infrastrutture sportive richiede uno sforzo di collaborazione che coinvolga agenzie governative, partner del settore privato, organizzazioni comunitarie e residenti locali.
La collaborazione è fondamentale per garantire che i progetti siano allineati con le esigenze e le priorità della comunità, promuovendo la trasparenza e la responsabilità durante l'intero processo.

Sfruttare il potere dello sport

Lo sport ha il potere di trasformare vite, comunità e città. Abbracciando lo sport come strumento di rinnovamento urbano, possiamo creare comunità vivaci e sostenibili, promuovere la prosperità economica e costruire un futuro migliore per tutti.

Lo sport come forza di prevenzione del crimine

Il legame tra la partecipazione sportiva, l'impegno dei giovani e la riduzione della criminalità è oggetto di continue ricerche e dibattiti in criminologia e negli studi urbani.
Sebbene le relazioni causali precise siano complesse e sfaccettate, un numero crescente di prove suggerisce che lo

sport può svolgere un ruolo significativo nel dissuadere la delinquenza e promuovere un cambiamento sociale positivo.

Il concetto di "deterrenza" in questo contesto si riferisce all'idea che l'impegno nello sport possa ridurre la probabilità che gli individui si impegnino in comportamenti criminali.

Questo effetto deterrente può essere attribuito a diversi fattori chiave:

1. Alternative positive e attività strutturate

Lo sport offre ai giovani un'alternativa strutturata e positiva alternativa al richiamo dell'attività criminale.

Fornendo attività organizzate, tutoraggio e opportunità di sviluppo fisico e sociale, lo sport può distogliere i giovani dall'ozio e dalle influenze negative.

La struttura e la disciplina insite negli sport di squadra, soprattutto a livello giovanile, instillano il senso di responsabilità, il lavoro di squadra e il rispetto delle regole, che possono tradursi in modelli comportamentali positivi anche al di fuori del campo sportivo.

2. Sviluppo di abilità di vita e crescita personale

La partecipazione sportiva favorisce lo sviluppo di competenze essenziali per la vita, come il lavoro di squadra, la comunicazione, la capacità di risolvere i problemi e la resilienza.

Queste abilità sono fondamentali per affrontare le sfide della vita e per fare scelte responsabili.

Lo sport può anche fornire ai giovani un senso di scopo, di realizzazione e di appartenenza, che può aumentare l'autostima e ridurre le probabilità di ricorrere alla delinquenza come meccanismo di coping.

3. Modelli di ruolo e mentori positivi

Gli allenatori, i mentori e altri modelli di ruolo all'interno della comunità sportiva possono avere un impatto profondo sulla vita dei giovani.
Forniscono guida, sostegno e incoraggiamento, aiutando a sviluppare valori positivi, disciplina e senso di responsabilità.
La presenza di modelli positivi può fungere da contrappeso alle influenze negative nella comunità, favorendo un senso di speranza e di opportunità.

4. Legame sociale e coesione comunitaria

Lo sport ha una notevole capacità di creare legami sociali e rafforzare la coesione della comunità. Gli sport di squadra, in particolare, incoraggiano la cooperazione, la comunicazione e gli obiettivi comuni, favorendo un senso di appartenenza e di identità condivisa.
Questo senso di comunità può agire come fattore protettivo contro la criminalità, riducendo l'isolamento e l'alienazione che possono contribuire alla delinquenza.

5. Attività fisica e salute mentale

L'attività fisica regolare è stata collegata a un miglioramento della salute mentale e del benessere.

La partecipazione allo sport può contribuire a ridurre lo stress, l'ansia e la depressione, spesso associati a comportamenti a rischio e ad attività criminali.

Una mente e un corpo sani possono aumentare la resilienza, la fiducia in se stessi e il senso dello scopo.

fiducia in se stessi e il senso dello scopo, riducendo la probabilità di impegnarsi in attività delinquenziali.

6. Controllo sociale e supervisione

I programmi sportivi spesso comportano un certo grado di controllo sociale e di supervisione, fornendo un ambiente strutturato in cui i giovani hanno meno probabilità di impegnarsi in comportamenti a rischio.

Allenatori e tutor possono monitorare le attività dei partecipanti, fornire indicazioni e intervenire quando necessario.

Questa maggiore supervisione può fungere da deterrente contro le attività criminali.

7. Accesso a risorse e opportunità

La partecipazione sportiva può fornire ai giovani l'accesso a risorse e opportunità preziose che altrimenti non sarebbero disponibili.

Ciò include l'accesso a programmi di istruzione, formazione professionale e tutoraggio, che possono aiutarli a spezzare il ciclo della povertà e della criminalità.

Fornendo opportunità di avanzamento, lo sport può dare ai giovani la possibilità di perseguire i propri sogni e di contribuire positivamente alla società.

Casi di studio e prove

Numerosi studi e casi di studio hanno dimostrato la correlazione positiva tra partecipazione sportiva e riduzione della criminalità.
Uno studio condotto a Chicago ha riscontrato che i giovani che partecipavano a sport organizzati avevano meno probabilità di intraprendere attività criminali rispetto ai loro coetanei che non lo facevano.
Analogamente, uno studio condotto nel Regno Unito ha rilevato che i programmi sportivi per i giovani a rischio hanno portato a una significativa riduzione dei tassi di criminalità.
Questi risultati sono coerenti con la più ampia letteratura sull'impatto sociale positivo dello sport, suggerendo che lo sport può servire come potente strumento per la prevenzione del crimine e lo sviluppo della comunità.

Sfide e considerazioni

Nonostante i potenziali benefici, è importante riconoscere le sfide e i limiti associati all'uso dello sport come strumento di prevenzione del crimine.

Accessibilità ed equità

È fondamentale garantire un accesso equo a programmi sportivi di qualità per tutti i giovani, indipendentemente dalla provenienza, dallo status socioeconomico o dalle capacità.
Gli ostacoli alla e le barriere alla partecipazione, come il costo, l'ubicazione e le risorse limitate, possono esacerbare le disuguaglianze esistenti e limitare la portata degli interventi basati sullo sport.

Qualità ed efficacia dei programmi

L'efficacia dei programmi sportivi nella prevenzione del crimine dipende dalla qualità e dalla struttura dei programmi.
I programmi che privilegiano lo sviluppo delle competenze, il tutoraggio e l'impegno nella comunità hanno maggiori probabilità di avere un impatto positivo.

Sostenibilità a lungo termine

La sostenibilità dei programmi sportivi a lungo termine richiede finanziamenti adeguati, il sostegno della comunità e l'impegno delle parti interessate.
Senza questi fattori, i programmi possono faticare a raggiungere i loro obiettivi e a contribuire a un cambiamento positivo a lungo termine.

Concentrarsi sullo sviluppo olistico

Sebbene lo sport offra uno strumento prezioso per la prevenzione del crimine, non è una pallottola magica.

È fondamentale adottare un approccio olistico che affronti i fattori sociali ed economici che contribuiscono alla criminalità. Lo sport deve essere considerato come una componente di una strategia multiforme che comprende l'istruzione, l'occupazione, lo sviluppo della comunità e altri interventi sociali.

Conclusioni:

Lo sport può svolgere un ruolo significativo nella prevenzione della criminalità, fornendo alternative positive, sviluppando abilità di vita, promuovere la coesione della comunità e offrendo l'accesso a risorse e opportunità.
Tuttavia, è essenziale affrontare le sfide dell'accessibilità, della qualità del programma e della
sostenibilità per garantire che le iniziative sportive siano efficaci ed eque.
Investendo in programmi sportivi di alta qualità e integrandoli in strategie più ampie di sviluppo della comunità, le comunità possono sfruttare il potere trasformativo dello sport per ridurre la criminalità, costruire un'economia di comunità.
Il potere trasformativo dello sport per ridurre la criminalità, costruire comunità più forti e creare un futuro più positivo ed equo per tutti.

Il potere trasformativo dello Sport orientati alla comunità

Il potere delle iniziative sportive orientate alla comunità nel rinnovamento urbano è innegabile.

Vanno oltre la semplice attività fisica, diventano la pietra miliare per la costruzione di comunità vivaci e coese.

Immaginate un quartiere trascurato, dove gli edifici abbandonati sono un triste ricordo del declino economico e dell'abbandono sociale.

Ora immaginate questi spazi trasformati in vivaci centri sportivi comunitari, animati da suoni di risate, incitamenti e dall'energia delle persone che si uniscono.

Questo è il potere di trasformazione dello sport orientato alla comunità.

Queste iniziative non riguardano solo la costruzione di strutture, ma anche la promozione di un senso di appartenenza, di proprietà e di finalità condivisa.

L'atto stesso di costruire un centro sportivo insieme, coinvolgendo i residenti locali nel processo di progettazione, rafforza i legami e crea un senso di identità collettiva.

 Si tratta di mettere gli individui in condizione di appropriarsi dei loro quartieri, promuovendo un senso di orgoglio e di responsabilità che si estende oltre il campo da gioco.

I programmi sportivi orientati alla comunità sono particolarmente efficaci nel coinvolgere i giovani. Forniscono un ambiente sicuro e strutturato dove i giovani possono imparare sviluppare le proprie capacità e costruire relazioni.

Questo è fondamentale nelle comunità che lottano con alti tassi di criminalità e opportunità limitate. Offrendo un'alternativa positiva all'ozio e all'isolamento sociale, le iniziative sportive mettono i giovani in condizione di contribuire attivamente alle loro comunità, anziché essere potenziali vittime della criminalità.

Prendiamo l'esempio di un quartiere di Napoli, in Italia, dove un ex sito industriale è stato trasformato in un centro sportivo comunitario all'avanguardia.

Il centro offre un'ampia gamma di attività, dal calcio al basket, dalle arti marziali alla danza.

L'impatto è stato notevole.

Non solo il centro ha fornito attività ricreative e fisiche molto necessarie per i residenti locali, ma ha anche attività fisica per i residenti locali, ma è diventato anche un centro di interazione sociale, di eventi comunitari e di programmi di sviluppo giovanile.

Il tasso di criminalità nella zona è diminuito in modo significativo e la comunità ha assistito a una rinascita dell'orgoglio e dell'ottimismo.

Un aspetto critico delle iniziative sportive di successo orientate alla comunità è l'enfasi sull'inclusività e l'accessibilità.

Esse si sforzano di abbattere le barriere alla partecipazione, assicurando che tutti, indipendentemente dall'età, dal background o dalle capacità, abbiano l'opportunità di beneficiarne.

Ciò significa creare strutture accessibili, offrire programmi a prezzi accessibili e fornire servizi di supporto a chi ne ha bisogno.

A Roma, un centro sportivo comunitario in un quartiere a basso reddito è andato oltre.

Ha fatto un ulteriore passo avanti.

Hanno stabilito partnership con organizzazioni locali per offrire ai bambini il trasporto gratuito per i bambini che frequentano i programmi, oltre a fornire borse di studio per coloro che non possono permettersi la retta.

Il centro ha anche creato un programma per formare residenti locali come allenatori e tutor, garantendo la sostenibilità e l'impatto a lungo termine dell'iniziativa.

Le iniziative sportive orientate alla comunità non si limitano a fornire attività fisica, ma promuovono un senso di comunità, di appartenenza e di condivisione degli obiettivi.

Iniziative di quartiere, promuovono un senso di orgoglio e di responsabilità che va oltre il campo da gioco.

Coinvolgendo i giovani, promuovendo l'inclusione e creando un ambiente di sostegno, queste iniziative offrono un potente senso di appartenenza.

Queste iniziative offrono un potente antidoto all'isolamento sociale, alla criminalità e al declino urbano. Sono la chiave per trasformare spazi trascurati in vivaci centri comunitari, promuovendo un senso di speranza e ottimismo per il futuro.

Creare centri sportivi vivaci e inclusivi

La trasformazione di spazi abbandonati in vivaci centri sportivi comunitari non riguarda solo la costruzione di infrastrutture fisiche, ma anche la creazione di un senso di appartenenza, la promozione della coesione sociale e il rafforzamento delle comunità.

La progettazione e la realizzazione di questi centri richiede un approccio olistico che dia priorità all'inclusività, all'accessibilità e al coinvolgimento della comunità.

Immaginate una comunità in cui un edificio fatiscente, un tempo simbolo di abbandono e degrado, si erge ora come un faro di speranza e attività.

Questa è la visione che guida la creazione di centri sportivi orientati alla comunità.

Questi spazi, riadattati per soddisfare le esigenze di popolazioni diverse, diventano centri per la ricreazione, lo sviluppo di abilità e l'interazione sociale, promuovendo un senso di condivisione e di appartenenza.

Progettare per l'inclusione e l'accessibilità

La progettazione di un centro sportivo comunitario implica molto di più della semplice realizzazione di un campo da basket o di un campo da calcio.

Richiede un'attenta considerazione delle diverse esigenze e capacità della comunità a cui si rivolge. Ciò richiede un impegno all'inclusività e all'accessibilità in ogni aspetto della progettazione.

Progettazione universale

Il centro deve essere progettato in base ai principi della progettazione universale, assicurando che sia accessibile e utilizzabile da persone di ogni età, abilità e provenienza.

Questo significa incorporare caratteristiche come rampe, ampie porte e servizi igienici accessibili.

Progettazione multigenerazionale

Il centro dovrebbe soddisfare le esigenze di bambini e adulti, offrendo una varietà di programmi e attività che si rivolgono a gruppi di età diverse.

Ad esempio, aree dedicate agli sport giovanili, programmi di fitness per anziani e attività per famiglie.

Spazi adattabili

Il centro dovrebbe essere progettato con spazi adattabili che possano essere facilmente riconfigurati per accogliere attività ed eventi diversi.
Questa flessibilità garantisce che il centro possa evolversi nel tempo per soddisfare le mutevoli esigenze della comunità.

Programmazione inclusiva

Il centro dovrebbe offrire un'ampia gamma di attività sportive e ricreative che soddisfino interessi, livelli di abilità e capacità diverse.
Questo include programmi per persone con disabilità, per le comunità meno servite e per coloro che potrebbero esitare a partecipare agli sport tradizionali.

Sensibilità culturale

La progettazione e la programmazione del centro devono essere sensibili alla diversità culturale e linguistica della comunità che serve.
Ciò potrebbe includere l'offerta di servizi di interpretazione linguistica, l'incorporazione di elementi culturali nella progettazione e lo sviluppo di programmi che riflettano il diverso patrimonio della comunità.

Oltre lo spazio fisico: Coinvolgere la comunità

Il vero successo di un centro sportivo comunitario non risiede solo nelle sue caratteristiche fisiche, ma nella sua capacità di coinvolgere la comunità in modi significativi.
Ciò richiede chiaramente uno sforzo concertato per promuovere un senso di appartenenza, partecipazione e responsabilizzazione.

Consultazione della comunità

La progettazione e l'implementazione del centro devono essere basate su un'ampia consultazione della comunità.
I residenti locali, i leader della comunità e le organizzazioni devono essere coinvolti attivamente nella definizione della visione del centro, assicurandosi che rifletta i loro bisogni e le loro aspirazioni.

Programmi basati sulla comunità

Il centro dovrebbe offrire programmi sviluppati e guidati dai membri della comunità, dando loro voce nel definire le attività e le priorità del centro.
Tra questi potrebbero esserci campionati sportivi giovanili, corsi di fitness per adulti ed eventi comunitari che promuovono l'interazione sociale e lo scambio culturale.

Opportunità di volontariato

Il centro dovrebbe offrire opportunità per i membri della comunità di offrire il proprio tempo e le proprie competenze, promuovendo un senso di appartenenza e di responsabilità condivisa.

Ciò può comportare l'allenamento di squadre sportive giovanili, l'assistenza alla realizzazione di programmi o l'aiuto per la manutenzione e la cura.

Partenariati con organizzazioni locali

Il centro dovrebbe stabilire partnership con organizzazioni, scuole e aziende locali per ampliare la sua portata e il suo impatto.

Questa collaborazione può portare a programmi comuni, alla condivisione delle risorse e a un approccio più integrato allo sviluppo della comunità.

Eventi e festival comunitari

Il centro dovrebbe ospitare regolarmente eventi e festival della comunità, offrendo alle persone l'opportunità di riunirsi e di celebrare la loro identità condivisa.

Tra questi potrebbero esserci eventi sportivi, spettacoli culturali e incontri comunitari che promuovano un senso di unità e di scopo.

Il potere della partnership: Successo collaborativo

La creazione di un centro sportivo comunitario di successo richiede uno sforzo di collaborazione che coinvolga più parti interessate.

Si tratta di riunire autorità locali, organizzazioni comunitarie, professionisti dello sport e investitori privati per costruire una visione condivisa e lavorare verso un obiettivo comune.

Amministrazioni locali

Le amministrazioni locali svolgono un ruolo cruciale nel fornire sostegno finanziario, assegnazione di terreni e approvazioni normative.
Possono inoltre contribuire con le loro competenze in materia di pianificazione urbana, sviluppo della comunità e sviluppo delle infrastrutture.

Organizzazioni comunitarie

Le organizzazioni comunitarie possiedono una conoscenza preziosa del contesto locale, dei bisogni sociali e delle risorse esistenti.
Possono aiutare a mobilitare la partecipazione della comunità, identificare potenziali partner e contribuire allo sviluppo della programmazione.

Organizzazioni sportive

Le organizzazioni sportive possiedono competenze nello sviluppo dello sport, nel coaching e nella progettazione dei programmi.
Possono fornire assistenza tecnica, sviluppare programmi di formazione per allenatori e volontari e collegare il centro con le reti sportive esistenti.

Investitori privati

Gli investitori privati possono fornire finanziamenti per la costruzione, la ristrutturazione e il funzionamento del centro.

Possono anche contribuire con la loro esperienza nella gestione, al marketing e raccolta fondi.

Investire in un futuro più luminoso: Trasformare le vite

Investire in centri sportivi orientati alla comunità non è semplicemente un esborso finanziario, ma un investimento nel futuro delle nostre comunità.

Questi centri offrono una potente piattaforma per il cambiamento sociale, favorendo il senso di appartenenza, promuovendo stili di vita sani e dando potere alle persone.

Mettendole in condizione di raggiungere il loro pieno potenziale.

Maggiore accesso alle attività ricreative

I centri sportivi offrono opportunità di svago accessibili e a prezzi contenuti, promuovendo l'attività fisica e migliorando la salute e il benessere generale.

Questo è particolarmente importante nelle comunità svantaggiate, dove l'accesso alle strutture ricreative può essere limitato.

Miglioramento della coesione sociale

Questi centri forniscono un terreno comune dove persone provenienti da contesti diversi possono interagire, costruire relazioni e sviluppare un senso di comunità.

Ciò può contribuire ad abbattere le barriere, a promuovere la comprensione e a creare una società più inclusiva.

Sviluppo e responsabilizzazione dei giovani

I centri sportivi offrono programmi di sviluppo giovanile che possono aiutare i giovani a sviluppare competenze essenziali per la vita, come il lavoro di squadra, la disciplina e la leadership.
Questi programmi possono anche offrire ai giovani l'opportunità di impegnarsi in attività positive e di evitare comportamenti a rischio.

Opportunità economiche

I centri sportivi possono generare attività economica attraverso la creazione di posti di lavoro, l'aumento del turismo e lo sviluppo di imprese locali.
Possono anche contribuire a rivitalizzare i quartieri attirando nuovi residenti e imprese.

Sostenibilità ambientale

I centri sportivi possono essere progettati e gestiti tenendo conto della sostenibilità ambientale, incorporando pratiche di bioedilizia e promuovendo comportamenti rispettosi dell'ambiente.

Misurare il successo: Valutare l'impatto

L'impatto dei centri sportivi comunitari può essere misurato in vari modi, tra cui:

Aumento della partecipazione ad attività sportive e ricreative

Tracciare il numero di persone che utilizzano il centro, i tipi di attività che svolgono e la frequenza della loro partecipazione.

Miglioramento della coesione della comunità e dell'inclusione sociale

Condurre indagini o focus group per valutare come il centro abbia favorito un senso di appartenenza e di comunità tra i residenti.

Riduzione dei tassi di criminalità e delinquenza

Analizzare le statistiche sulla criminalità per determinare se si è verificata una riduzione del tasso di criminalità nel quartiere circostante da quando è stato istituito il centro.

Aumento dell'attività economica e della creazione di posti di lavoro

Tracciare il numero di posti di lavoro creati, di imprese avviate e di entrate turistiche generate dalla presenza del centro.

Miglioramenti ambientali

Valutare l'impatto ambientale del centro impatto ambientale del centro, come il consumo di energia, le pratiche di gestione dei rifiuti e il contributo all'ecosistema locale.

Progettando e realizzando con cura i centri sportivi comunitari, possiamo sfruttare il potere dello sport per creare comunità vivaci, inclusive e resilienti, trasformando gli spazi abbandonati in catalizzatori sociali.

L'impatto impatto positivo di questi centri si estenderà ben oltre il campo da gioco, lasciando un'eredità duratura di speranza, opportunità e progresso sociale.

Il valore di ripensare gli spazi esistenti

Il concetto di riutilizzo degli spazi esistenti va oltre il semplice riutilizzo di vecchi edifici.

Rappresenta un profondo cambiamento nel nostro approccio allo sviluppo urbano, riconoscendo il valore intrinseco delle strutture esistenti e il loro potenziale per contribuire a un futuro più sostenibile e resiliente.

Adottando i principi del riutilizzo e del riutilizzo adattivo, possiamo sbloccare una moltitudine di vantaggi ambientali ed economici che la demolizione tradizionale e la nuova costruzione spesso non riescono a catturare.

Uno dei vantaggi ambientali più significativo del riutilizzo degli spazi esistenti risiede nella riduzione dei rifiuti edili.

I processi di demolizione e di nuova costruzione generano grandi quantità di detriti, contribuendo al traboccamento delle scariche e aggravando le sfide ambientali. Il riutilizzo, al contrario, riduce in modo significativo la quantità di materiale che deve essere estratto, trasportato e infine scartato.

Ciò riduce al minimo l'impronta ecologica dei nostri sforzi di sviluppo urbano.

Inoltre, riutilizzare le strutture esistenti si traduce spesso in notevoli risparmi energetici.

Gli edifici più vecchi, in particolare quelli costruiti prima dell'adozione diffusa di moderni metodi di costruzione ad alta intensità energetica, spesso possiedono caratteristiche strutturali che promuovono la ventilazione naturale e il riscaldamento solare passivo, riducendo la dipendenza da fonti di energia artificiale.

Riutilizzando queste strutture, possiamo capitalizzare la loro intrinseca efficienza energetica, riducendo l'impatto ambientale dei nostri edifici e riducendo la nostra impronta di carbonio.

I vantaggi economici del riutilizzo degli spazi esistenti sono altrettanto convincenti. Rivitalizzando gli edifici sottoutilizzati, possiamo osare dare nuova vita ad aree trascurate, stimolando l'attività economica e creando nuove opportunità per le imprese e i residenti locali. Questo approccio spesso richiede meno investimenti rispetto alla costruzione di nuove strutture, il che lo rende un'opzione più fattibile dal punto di vista finanziario, soprattutto per i progetti con budget limitati.

Inoltre, la riconversione degli spazi esistenti può contribuire a creare un paesaggio urbano più equo e inclusivo.

Rivitalizzando i quartieri trascurati e trasformandoli in centri comunitari vivaci, possiamo creare opportunità di interazione sociale, di svago e di emancipazione economica, affrontando le disparità e promuovendo un senso di comunità.

I vantaggi economici e ambientali del riutilizzo degli spazi esistenti vanno oltre il progetto immediato.

Integrando questi principi nelle nostre strategie di pianificazione urbana, possiamo creare una città più sostenibile e resiliente, che dia priorità alla conservazione delle risorse, riduca gli sprechi e promuova lo sviluppo economico.

I benefici ambientali del riuso sono molti e di vasta portata.

Riducono significativamente l'impronta di carbonio associata alla costruzione di nuove strutture, minimizzando la necessità di estrazione, trasporto e lavorazione delle materie prime.

L'energia necessaria per demolire i vecchi edifici e costruirne di nuovi è notevole e contribuisce alle emissioni di gas serra.

Il riutilizzo delle strutture esistenti elimina questo dispendio energetico e le emissioni associate, rendendolo una scelta più responsabile dal punto di vista ambientale.

Inoltre, il riutilizzo delle strutture esistenti spesso comporta l'uso di materiali che sono già stati testati e dimostrati come testati e che hanno dimostrato di essere resistenti e duraturi.

In questo modo si riduce la dipendenza da materiali vergini, che spesso richiedono processi di estrazione intensiva e dispendiosa di energia.

Utilizzando materiali di recupero e riutilizzando elementi esistenti, riduciamo la nostra dipendenza da risorse limitate, promuovendo un approccio più sostenibile all'edilizia.

I vantaggi economici del riutilizzo degli spazi esistenti vanno oltre il progetto immediato. Rivitalizzando gli edifici sottoutilizzati rivitalizzare gli edifici sottoutilizzati, possiamo dare nuova vita ad aree trascurate, stimolando l'attività economica e creando nuove opportunità per le imprese e i residenti locali.

Questo approccio spesso richiede un investimento minore rispetto alla costruzione di nuove strutture, rendendolo finanziariamente più fattibile, soprattutto per i progetti con budget limitati.

I vantaggi economici del riuso si estendono a un contesto urbano più ampio.

Rivitalizzando aree trascurate, possiamo creare un paesaggio urbano più equilibrato e diversificato, attirando nuovi residenti e imprese.

Questo può aumentare il valore delle proprietà e rivitalizzare le economie locali, portando a un ambiente urbano più vivace e fiorente.

Inoltre, la riconversione degli spazi esistenti può contribuire a creare un paesaggio urbano più equo e inclusivo.

Rivitalizzando i quartieri rivitalizzando quartieri trascurati e trasformandoli in centri comunitari vivaci, possiamo creare opportunità di interazione sociale, ricreazione e potenziamento economico, affrontando le disparità e promuovendo un senso di appartenenza alla comunità.

I vantaggi economici e ambientali del riutilizzo degli spazi esistenti vanno oltre il progetto immediato.

Integrando questi principi nelle nostre strategie di pianificazione urbana, possiamo creare un'area più sostenibile e resiliente, che dia la priorità a un'economia di mercato.

Maggiormente resiliente, che dia priorità alla conservazione delle risorse, riduca gli sprechi e promuova lo sviluppo economico.

In conclusione, il valore di ripensare gli spazi esistenti è innegabile.

Abbracciando i principi del riuso e del riutilizzo adattivo, possiamo sbloccare una moltitudine di benefici ambientali ed economici, contribuendo a un futuro urbano più sostenibile ed equo. Riqualificare le strutture esistenti non è solo una soluzione efficace dal punto di vista dei costi; rappresenta un cambiamento di paradigma nel nostro approccio allo sviluppo urbano, che dà la priorità alla conservazione delle risorse, alla protezione dell'ambiente e all'equità sociale.

Questo approccio è la chiave per creare città non solo efficienti e resilienti, ma anche socialmente giuste e responsabili dal punto di vista ambientale.

Trasformare spazi abbandonati in centri sportivi

Immaginate un edificio fatiscente e dimenticato, con le finestre sbarrate e i muri fatiscenti, simbolo dell'incuria e del degrado nel cuore di una città italiana.

Ora immaginate questo stesso spazio trasformato in un vibrante centro sportivo comunitario, pieno di energia, di suoni di risate e del brivido della competizione.

Questa è l'essenza della riconversione di spazi abbandonati: un approccio sostenibile e d'impatto alla rivitalizzazione urbana, con il potere di trasformare non solo il paesaggio fisico, ma anche la vita dei suoi abitanti.

La conversione di spazi abbandonati in centri sportivi comunitari offre un'opportunità unica per affrontare le molteplici sfide del declino urbano.

sfide multiformi del declino urbano, favorendo l'inclusione sociale, lo sviluppo economico e un rinnovato senso di appartenenza alla comunità.

Investendo strategicamente in questi spazi dimenticati, possiamo sbloccare il loro potenziale come catalizzatori di cambiamenti positivi, infondendo vita in aree dimenticate e creando comunità più sicure e vivaci.

La fattibilità di questo approccio risiede nell'abbondanza di spazi abbandonati nelle città italiane, che offrono un'infrastruttura pronta per la trasformazione.

Questi spazi, spesso trascurati per anni sono maturi per la rivitalizzazione, fornendo una risorsa accessibile e prontamente disponibile per lo sviluppo della comunità.

Inoltre, il potenziale intrinseco dello sport di unire le persone, promuovere il benessere fisico e favorire il senso di appartenenza lo rende un veicolo ideale per l'impegno e il rafforzamento della comunità.

Trasformare questi spazi abbandonati in centri sportivi comunitari richiede un approccio olistico, che comprenda considerazioni architettoniche, impegno della comunità e pratiche di sviluppo sostenibile.

La progettazione architettonica di queste strutture deve dare priorità all'accessibilità, all'inclusività e alla sicurezza, assicurando che siano accoglienti e invitanti per tutti i membri della comunità, indipendentemente dall'età, dalle capacità o dal background.

Creare spazi che non siano solo funzionali ma anche esteticamente gradevoli è fondamentale per promuovere un senso di orgoglio e di appartenenza tra i residenti.

Colori vivaci, luce naturale e strutture ben tenute possono creare un'atmosfera positiva e invitante, incoraggiando i membri della comunità a utilizzare lo spazio e a partecipare alle attività.

Il successo di queste iniziative dipende dall'attività e dal coinvolgimento attivo delle comunità locali nel processo di progettazione e pianificazione.

Coinvolgendo i residenti nelle discussioni, raccogliendo i loro feedback e incorporando le loro esigenze e aspirazioni nel progetto, si garantisce che il prodotto finale rifletta veramente la comunità che serve.

Questo approccio partecipativo non solo favorisce un senso di appartenenza, ma garantisce anche che l'impianto sia in linea con le esigenze e le priorità specifiche della comunità.

I programmi sportivi comunitari possono soddisfare interessi diversi, tra cui sport tradizionali come il calcio e la pallacanestro, ma anche attività emergenti come lo skateboard e il parkour, offrendo opportunità di svago, sviluppo delle abilità e interazione sociale.

La creazione di centri sportivi sostenibili richiede uno sforzo di collaborazione che coinvolga le autorità locali, le organizzazioni comunitarie e gli investitori del settore privato.

I partenariati pubblico-privati possono sfruttare le risorse e le competenze dei vari soggetti interessati, assicurando la redditività finanziaria e la sostenibilità a lungo termine di questi progetti.

Le autorità locali possono fornire finanziamenti, infrastrutture e l'approvazione delle normative, mentre organizzazioni comunitarie possono apportare la loro conoscenza dei bisogni locali e la loro capacità di mobilitare la partecipazione della comunità.

Gli investimenti del settore privato possono contribuire con risorse finanziarie, competenze nella gestione dei progetti e accesso a materiali e tecnologie edilizie sostenibili.

Lavorando insieme, questi diversi partner possono garantire il successo di questi centri sportivi comunitari, creando un'eredità duratura di cambiamento positivo.

L'impatto della riconversione di spazi abbandonati in vivaci centri sportivi comunitari va ben oltre la trasformazione fisica di aree trascurate.

Questi spazi possono diventare centri di interazione sociale, promuovendo la coesione della comunità, riducendo la criminalità e favorendo il senso di appartenenza dei residenti.

Forniscono spazi sicuri e accessibili ai giovani, promuovendo l'attività fisica e stili di vita sani e scoraggiando la delinquenza.

Questi centri possono anche fungere da piattaforme per programmi educativi, formazione professionale e iniziative per la creazione di posti di lavoro, dando potere agli individui e creando percorsi di avanzamento economico.

Inoltre, queste iniziative possono fungere da catalizzatori per un più ampio rinnovamento urbano, ispirando altri progetti di sviluppo della comunità e creando un effetto domino di cambiamenti positivi in tutta la città.

Il successo di questi progetti può ispirare fiducia in quartieri trascurati, attirando nuovi residenti e imprese e rivitalizzando l'economia locale.

Esempi di progetti di successo in Italia dimostrano il potere trasformativo della riconversione di spazi abbandonati in centri sportivi comunitari.

A Livorno un ex sito industriale è stato trasformato in un vivace complesso sportivo, che offre una serie di attività e strutture per tutte le età e le abilità.

Questa iniziativa ha rivitalizzato il quartiere, riducendo il tasso di criminalità, favorendo l'inclusione sociale e creando un senso di orgoglio comunitario.

Storie di successo simili si possono trovare in altre città italiane, a dimostrazione del potenziale di questo approccio per affrontare le sfide multiformi del declino urbano.

Queste iniziative non riguardano solo i mattoni e la malta, ma anche la costruzione di comunità più forti, il potenziamento degli individui e la creazione di un futuro più luminoso per le città italiane.

La riconversione di spazi abbandonati in centri sportivi rappresenta un approccio convincente e sostenibile alla rivitalizzazione urbana, offrendo una miriade di benefici sia agli individui che alle comunità.

Investendo in questi spazi dimenticati, possiamo sbloccare il loro potenziale come catalizzatori di cambiamenti positivi, trasformando aree trascurate in vivaci centri di interazione sociale, sviluppo economico e rafforzamento della comunità.

Questo approccio non solo affronta le sfide fisiche del declino urbano, ma favorisce anche un senso di speranza, di appartenenza e di responsabilità condivisa tra i residenti, creando un ambiente più resiliente, per le generazioni a venire.

Considerazioni architettoniche e di design

Il successo di un impianto sportivo, in particolare di uno riqualificato da uno spazio abbandonato, dipende dalle sue considerazioni architettoniche e di design.

Questi elementi non sono solo estetici, ma hanno un impatto diretto sull'accessibilità, l'inclusività e la sicurezza dello spazio, influenzando in ultima analisi l'efficacia dell'impianto nel raggiungere gli obiettivi della comunità.

Innanzitutto, l'accessibilità è fondamentale.

La struttura deve essere progettata tenendo conto delle esigenze di tutti gli utenti, di tutti gli utenti, rispondendo alle esigenze dei disabili, delle persone con diverse abilità e delle diverse fasce d'età.

Ciò significa incorporare caratteristiche come rampe, ascensori e porte larghe per l'accessibilità delle sedie a rotelle. Anche per l'accessibilità delle sedie a rotelle, oltre a considerare la disposizione dello spazio per soddisfare le varie esigenze.

Ad esempio, un'area dedicata agli anziani con posti a sedere confortevoli, bagni accessibili e passaggi ben illuminati può creare un ambiente accogliente e inclusivo per tutti.

Il concetto di inclusività va oltre l'accessibilità fisica, per abbracciare la diversità nella partecipazione sportiva. Il progetto deve considerare l'inclusione di una serie di attività sportive, dagli sport di squadra tradizionali come il basket e il calcio ad attività meno convenzionali come la danza, lo yoga o le arti marziali.

Questa inclusività incoraggia la partecipazione di una fascia demografica più ampia, riflettendo i diversi interessi e talenti della comunità.

La sicurezza è fondamentale in qualsiasi impianto sportivo, ma lo è ancora di più in uno spazio riconvertito, che può presentare potenziali pericoli derivanti dall'uso precedente.

Per garantire la sicurezza dell'edificio è fondamentale effettuare valutazioni strutturali approfondite, con particolare attenzione a questioni come l'amianto, la vernice al piombo e l'integrità strutturale.

La struttura deve essere ben illuminata, con misure di sicurezza sufficienti come telecamere e illuminazione per scoraggiare gli atti di vandalismo e garantire un ambiente sicuro per gli utenti.

Inoltre, il progetto deve tenere conto del contesto specifico del quartiere e dei suoi residenti.

Ad esempio, se la struttura si trova in un'area ad alto tasso di criminalità, il progetto dovrebbe enfatizzare le caratteristiche di sicurezza e le iniziative di polizia comunitaria.

Allo stesso modo, se il quartiere è abitato da un'ampia popolazione di immigrati, la struttura dovrebbe essere progettata in modo da essere culturalmente sensibile e accogliente per i nuovi arrivati.

L'integrazione della struttura con il quartiere circostante è fondamentale per promuovere la partecipazione e il coinvolgimento della comunità.

La creazione di spazi pubblici invitanti, come campi da basket all'aperto, percorsi pedonali e aree verdi, incoraggia l'interazione con la comunità e favorisce il senso di appartenenza.

Il progetto può incorporare opere d'arte locali, murales o paesaggi che riflettono il patrimonio culturale del quartiere, creando un senso di appartenenza e di orgoglio.

La sostenibilità è un'altra considerazione chiave del progetto, che mira a minimizzare l'impatto ambientale e a massimizzare l'efficienza delle risorse.

Ciò include l'utilizzo di materiali da costruzione ad alta efficienza energetica, l'impiego di fonti di energia rinnovabili e l'adozione di pratiche di bioedilizia.

Ad esempio, l'uso di materiali riciclati per la costruzione, l'incorporazione di pannelli solari per la produzione di energia e l'utilizzo di sistemi di raccolta dell'acqua piovana per l'irrigazione possono contribuire a ridurre l'impatto ambientale, per la produzione di energia e l'utilizzo di sistemi di raccolta dell'acqua piovana per l'irrigazione possono contribuire a creare una struttura sostenibile e responsabile dal punto di vista ambientale.

Progettare un impianto sportivo all'interno di uno spazio riutilizzato è una sfida unica che richiede un'attenta considerazione degli aspetti pratici e sociali.

L'impianto deve essere non solo sicuro e accessibile, ma anche accogliente, inclusivo e integrato nella comunità.

Abbracciando questi principi, lo spazio riconvertito può trasformarsi in un vivace centro di attività, favorendo la coesione della comunità, promuovendo il benessere fisico e contribuendo alla rivitalizzazione del quartiere.

Questo approccio olistico, che comprende l'accessibilità, l'inclusività, la sicurezza, l'integrazione nella comunità e la sostenibilità, può rendere la struttura un vero e proprio faro di speranza e rinnovamento per la comunità che serve.

Al di là di questi principi fondamentali, diversi elementi specifici di progettazione possono migliorare l'esperienza e la funzionalità dell'impianto sportivo.

Spazi multifunzionali

Progettare spazi che possano essere facilmente adattati a varie attività è una soluzione pratica per massimizzare l'uso dello spazio.

Una grande palestra, ad esempio, può essere utilizzata per la pallacanestro, la pallavolo, i corsi di danza o gli eventi comunitari.

Le pareti divisorie pieghevoli possono suddividere ulteriormente lo spazio per le diverse attività, creando flessibilità e adattabilità.

Aree ricreative all'aperto

L'inclusione di aree ricreative all'aperto, come campi da basket, percorsi pedonali e aree gioco per bambini, può incoraggiare l'attività all'aria aperta e promuovere una vita sana.

Questi spazi possono anche servire come punti di aggregazione per la comunità, favorendo l'interazione sociale e il senso di appartenenza alla comunità.

Spazi di aggregazione per la comunità

La creazione di spazi dedicati agli incontri della comunità, come sale riunioni, biblioteche o salotti sociali, può offrire ai residenti l'opportunità di riunirsi, di entrare in contatto e di partecipare a varie attività.

Questi spazi possono ospitare riunioni comunitarie, workshop, eventi sociali e programmi educativi, rafforzando ulteriormente i legami comunitari.

Integrazione tecnologica

L'integrazione della tecnologia, come display interattivi, segnaletica digitale e piattaforme online, può migliorare l'esperienza dell'utente e promuovere il coinvolgimento.

Queste funzioni possono fornire informazioni sulla programmazione, sugli orari e sugli eventi della comunità, mettendo in contatto i residenti con la struttura e le sue offerte.

La riconversione di spazi abbandonati in vivaci centri sportivi comunitari richiede un approccio ponderato e sfaccettato alle considerazioni architettoniche e progettuali.

Questi elementi non sono semplicemente scelte estetiche, ma sono fondamentali per creare spazi accessibili, inclusivi e sicuri che favoriscano l'impegno della comunità, promuovano uno stile di vita sano e contribuiscano alla rivitalizzazione complessiva dei quartieri.

Dando priorità a questi principi, lo spazio riconvertito può diventare un potente catalizzatore di cambiamenti positivi, trasformando un'area trascurata in un vivace centro di attività e connessione sociale.

Coinvolgere le comunità locali nel processo di progettazione

Immaginate di passeggiare in un quartiere italiano, passando davanti a un edificio un tempo grandioso e ormai fatiscente per l'incuria.

Le sue finestre vuote guardano in modo vuoto, riflettendo la desolazione della strada.

Questa scena non è unica in Italia: è uno spettacolo comune nelle città di tutto il mondo.

Eppure, all'interno di questi spazi abbandonati si cela un potenziale nascosto: una possibilità di trasformazione, di rivitalizzazione, di costruzione di comunità più forti.

È qui che entra in gioco il potere del riuso, un concetto che può trasformare spazi dimenticati in vivaci centri di attività, arricchendo la vita dei residenti locali.

La chiave per liberare questo potenziale sta nel coinvolgere le comunità locali nel processo di progettazione.

Immaginate una comunità che si riunisce per un brainstorming di idee, per condividere le speranze e i sogni per il proprio quartiere.

Non si tratta semplicemente di creare un centro sportivo, ma di creare uno spazio che rifletta veramente le esigenze e le aspirazioni della comunità.

Immaginate un gruppo di giovani riuniti intorno a un tavolo, con i volti illuminati dal bagliore dello schermo di un computer portatile, mentre scorrono i progetti di un nuovo centro sportivo.

Le loro voci, piene di entusiasmo e passione, riecheggiano nella stanza mentre discutono le loro idee: un campo da basket con vivaci murales, uno studio di yoga immerso nella luce naturale, un orto comunitario dove coltivare prodotti freschi.

Non si tratta solo di progettare uno spazio, ma di creare un luogo in cui possano connettersi, crescere e prosperare.

Dando alle comunità locali la possibilità di partecipare attivamente al processo di progettazione, ci assicuriamo che il progetto finale sia più di una semplice struttura: è un riflesso dei loro valori condivisi e un simbolo del loro spirito collettivo.

Questo approccio promuove un senso di appartenenza e di responsabilità tra i residenti, rendendoli partecipi del successo del progetto e della sua sostenibilità a lungo termine.

Ecco perché coinvolgere le comunità locali nel processo di progettazione è fondamentale:

Senso di appartenenza

Quando i residenti sentono di essere coinvolti nel progetto, è più probabile che si impegnino e investano nel suo successo. Questo senso di appartenenza è fondamentale per la sostenibilità a lungo termine.

Riflettere le esigenze della comunità

Le comunità hanno esigenze e aspirazioni uniche che possono non essere evidenti ai pianificatori esterni.
Coinvolgendole nel processo di progettazione, queste esigenze vengono identificate e affrontate in modo efficace.

Migliorare l'inclusività e l'accessibilità

Il coinvolgimento di voci diverse all'interno della comunità assicura che il progetto sia inclusivo e accessibile a tutti i residenti, indipendentemente dall'età, dalle capacità o dal background.

Creare un futuro sostenibile

Promuovendo la partecipazione della comunità e assicurando che il progetto sia in linea con le loro esigenze, creiamo le basi per una sostenibilità a lungo termine, evitando che lo spazio cada nuovamente in rovina.

Coinvolgere la comunità: Strategie pratiche

Esistono numerosi modi per coinvolgere le comunità locali nel processo di progettazione, assicurando che la loro voce sia ascoltata e le loro esigenze siano soddisfatte.

Ecco alcune strategie pratiche:

Workshop e forum comunitari

Organizzare workshop e forum in cui i residenti possano condividere idee, preoccupazioni e priorità per il progetto.

Sondaggi e feedback pubblici

Utilizzate sondaggi e questionari online per raccogliere il feedback di una gamma più ampia di residenti, raggiungendo coloro che potrebbero non essere in grado di partecipare ai workshop.

Comitati consultivi

Istituire comitati consultivi composti da rappresentanti di diversi gruppi della comunità, per garantire che il processo decisionale tenga conto di diverse prospettive.

Piattaforme di progettazione interattive

Utilizzare piattaforme online che consentano ai residenti di interagire con le proposte progettuali, fornire feedback e contribuire con le proprie idee.

Case aperte e mostre pubbliche

Organizzare open house e mostre pubbliche per presentare le proposte progettuali, favorendo il dialogo e la trasparenza durante l'intero processo.

Oltre la fase di progettazione

Il coinvolgimento della comunità non è un evento unico, ma un processo continuo. Ecco alcuni modi per continuare a coinvolgere i residenti anche dopo la fase di progettazione.

Gestione basata sulla comunità

Esplorare le opportunità di modelli di gestione basati sulla comunità, in cui i residenti assumono un ruolo attivo nella gestione del centro sportivo.

Programmi di volontariato

Incoraggiare i membri della comunità a offrire il loro tempo e le loro competenze nelle operazioni quotidiane del centro sportivo.

Eventi e attività comunitarie

Organizzare regolarmente eventi e attività comunitarie presso il centro sportivo, promuovendo un senso di appartenenza e di esperienza condivisa.

Abbracciando un approccio collaborativo e inclusivo al rinnovamento urbano, possiamo creare spazi che non solo migliorano l'ambiente fisico, ma rafforzano anche il tessuto sociale delle nostre comunità. Nel processo, liberiamo il potenziale nascosto degli spazi abbandonati, trasformandoli in fari di speranza e opportunità per le generazioni a venire.

La riconversione di spazi abbandonati non è solo una questione di mattoni e malta; si tratta di costruire un futuro migliore per le nostre città e per le persone che le chiamano casa.

Attraverso il potere del coinvolgimento della comunità, possiamo creare spazi che non siano solo esteticamente piacevoli, ma anche socialmente ed economicamente sostenibili.

Così facendo, possiamo rivitalizzare i nostri paesaggi urbani, uno spazio abbandonato alla volta.

Il ruolo dei partenariati pubblico-privato

Il potere dei partenariati pubblico-privato (PPP) non può essere sopravvalutato nell'implementazione di successo della riconversione di spazi abbandonati in vivaci centri sportivi comunitari.

Questi partenariati offrono una miscela unica di risorse, competenze e impegno, fondamentale per superare le sfide e massimizzare l'impatto di questi progetti.

In primo luogo, i PPP mettono insieme le risorse finanziarie essenziali per avviare e sostenere questi progetti.

Mentre le autorità pubbliche possono trovarsi di fronte a vincoli di bilancio, i partner del settore privato.

Infatti, i partner del settore privato possono contribuire con investimenti di capitale significativi, in particolare nelle aree in cui i finanziamenti sono limitati.

Questa sinergia finanziaria consente lo sviluppo di impianti sportivi di alta qualità, dotati di attrezzature e servizi all'avanguardia, in grado di attrarre un maggior numero di membri della comunità.

Oltre alle risorse finanziarie, i PPP sfruttano le competenze specialistiche del settore pubblico e privato. Le autorità pubbliche apportano una preziosa conoscenza dei bisogni locali, delle dinamiche comunitarie e dei quadri normativi.

Questa competenza garantisce che i progetti siano in linea con le priorità locali e rispettino le normative vigenti.

I partner del settore privato, invece, contribuiscono con le loro competenze tecniche in materia di costruzione, gestione delle strutture e marketing.

Questa collaborazione assicura la progettazione, la costruzione e la gestione efficiente dei centri sportivi, massimizzandone l'utilizzo e la sostenibilità a lungo termine.

Inoltre, i PPP promuovono un senso di responsabilità condivisa e di impegno per il successo del progetto.

Entrambi i partner hanno un interesse personale nella sostenibilità a lungo termine del progetto, che li spinge a partecipare attivamente alla sua pianificazione, realizzazione e gestione, e alla gestione corrente.

Questo impegno condiviso favorisce la responsabilità e la trasparenza, assicurando che il progetto rimanga allineato alla visione originale e serva i bisogni della comunità.

La natura collaborativa dei PPP si estende anche oltre le fasi iniziali di pianificazione e sviluppo. Impegnandosi con le comunità locali durante l'intero ciclo di vita del progetto, i PPP promuovono un senso di appartenenza e di impegno della comunità.

Questa partecipazione attiva consente ai membri della comunità di contribuire con le loro idee, le loro intuizioni e i loro feedback, assicurando che il progetto sia in linea con le loro esigenze e aspirazioni.

Gli esempi di PPP di successo in progetti di rivitalizzazione urbana sono numerosi e dimostrano il potere trasformativo di questo approccio collaborativo.

Ad esempio, in Piombino, un sito industriale abbandonato è stato trasformato in un complesso sportivo all'avanguardia grazie a un PPP che ha coinvolto il comune locale e un promotore immobiliare privato.

Il progetto non solo ha rivitalizzato il quartiere, ma ha anche creato opportunità di lavoro, ha dato impulso alle imprese locali e ha promosso un senso di orgoglio comunitario.

Il successo di questi PPP dipende da una comunicazione efficace, da obiettivi condivisi e da una chiara comunicazione efficace, obiettivi condivisi e una chiara comprensione dei ruoli e delle responsabilità di ciascun partner.

Stabilire un solido quadro di governance, che comprenda chiari indicatori di performance e meccanismi di monitoraggio, è fondamentale per garantire responsabilità e trasparenza durante l'intero ciclo di vita del progetto.

Inoltre, è essenziale per affrontare le potenziali sfide associate ai PPP, come priorità diverse, interessi contrastanti e potenziali squilibri di potere.

Costruire la fiducia, promuovere una comunicazione aperta e stabilire un quadro di riferimento per la gestione del progetto.

In conclusione, i partenariati pubblico-privato rappresentano uno strumento potente per riconvertire spazi abbandonati in vivaci centri sportivi comunitari.

Unendo le risorse finanziarie, sfruttando le competenze e promuovendo la responsabilità condivisa, i PPP offrono un modello sostenibile per la rivitalizzazione urbana, promuovendo l'inclusione sociale, lo sviluppo economico e la coesione della comunità.

Mentre ci sforziamo di creare spazi urbani più vivaci e inclusivi, abbracciare il potere collaborativo dei PPP è essenziale per realizzare un futuro più sostenibile ed equo per tutti.

L'importanza della collaborazione multisettoriale

Il concetto di costruzione di una comunità sostenibile si basa su un elemento cruciale: la collaborazione.

Un approccio singolare, anche se ben intenzionato, raramente raggiunge l'impatto duraturo necessario per affrontare le complesse sfide urbane.

È l'orchestrazione di voci, prospettive e risorse diverse che trasforma veramente le comunità.

trasforma le comunità.

È qui che entra in gioco il potere della collaborazione multisettoriale.

Immaginate un angolo dimenticato di una città, dove edifici abbandonati proiettano lunghe ombre e spazi trascurati sussurrano storie di declino.

Ora immaginate un gruppo di individui, ognuno dei quali rappresenta un aspetto diverso del tessuto della comunità.

C'è l'amministrazione locale, gravata da risorse limitate ma desiderosa di trovare soluzioni.

Ci sono le organizzazioni della comunità, alimentate dal desiderio di potenziare i residenti e di ricostruire il quartiere.

Ci sono le forze dell'ordine, alle prese con l'aumento del tasso di criminalità e alla ricerca di modi per promuovere la fiducia e la sicurezza. Infine, ci sono i professionisti dello sport che riconoscono il potenziale dello sport per unire, ispirare e dare forza.

Queste persone, ognuna con i propri punti di forza e le proprie prospettive, si riuniscono, unite da una visione comune: ridare vita a uno spazio dimenticato.

Immaginano un vibrante centro sportivo comunitario, un faro di speranza e opportunità.

Questo centro sarà più di un semplice luogo di gioco; sarà un centro di interazione sociale, di sviluppo delle competenze e di impegno nella comunità.

Questa collaborazione non è solo uno scambio di idee, ma una sinfonia di azioni.

Il governo locale contribuisce con finanziamenti e infrastrutture.

Le organizzazioni comunitarie forniscono collegamenti vitali ai residenti, adattando i programmi alle loro esigenze specifiche.

Le forze dell'ordine diventano un partner attivo, costruendo ponti attraverso iniziative di polizia comunitaria e offrendo programmi di formazione.

E i professionisti dello sport, pieni di passione e competenza, sviluppano programmi innovativi che soddisfano età, abilità e interessi diversi.

Questo approccio multisettoriale non è un concetto solo teorico.

Si tratta di una strategia viva e vegeta che sta già trasformando le comunità in tutta Italia.

Prendiamo, ad esempio, la rivitalizzazione del Centro sportivo Di Caivano in Campania

Questo progetto, testimonianza del potere della collaborazione, è diventato un modello di rinnovamento urbano.

All'inizio degli anni novanta, il quartiere del Parco Verde ha dovuto affrontare la dura realtà del declino urbano.

Le attività abbandonate punteggiavano il paesaggio, il tasso di criminalità era in fortissimo aumento e la disperazione si era posata sulla comunità, quando delle bambine erano state abusate da dei minorenni.

Riconoscendo la necessità di un cambiamento, il governo Nazionale, le organizzazioni comunitarie, le forze dell'ordine e i professionisti dello sport unirono le forze.

E 'nato il progetto "Luci su Caivano"

La loro visione comune?

Trasformare una zona abbandonata in un centro sportivo all'avanguardia, e riqualificare il verde in maniera che fosse più di un semplice luogo di gioco.

Sarebbe stato un centro per l'inclusione sociale, lo sviluppo economico e l'emancipazione della comunità.

La collaborazione è stata notevole per la sua inclusività.

Il governo nazionale ha finanziato la ristrutturazione, assicurando che il centro fosse conforme agli standard moderni.

Le organizzazioni comunitarie, e la Chiesa, hanno svolto un ruolo fondamentale nello sviluppo di programmi che rispondessero alle esigenze specifiche del quartiere.

Le forze dell'ordine, riconoscendo il potenziale di riduzione del crimine, si sono impegnate attivamente con la comunità attraverso i programmi di sensibilizzazione per i giovani.

I professionisti dello sport, attingendo alla loro esperienza, hanno ideato programmi che promuovevano il fitness, stili di vita sani e capacità di leadership.

I risultati sono stati trasformativi.

Il centro sportivo appena ristrutturato è diventato un polo di attrazione per i residenti di tutte le età.

È un luogo dove i bambini possono ora sviluppare le loro abilità atletiche, dove gli adolescenti possono trovare sfoghi positivi per la loro energia e dove gli adulti potevano riconnettersi con le loro comunità.

Il tasso di criminalità nel quartiere è crollato e lo spirito comunitario, un tempo spento dall'incuria, si è riacceso.

Il successo di questa iniziativa è una testimonianza del potere della collaborazione multisettoriale.

Ha dimostrato che, riunendo diverse parti interessate, con i loro punti di forza e le loro prospettive uniche, le comunità possono superare anche le sfide più difficili.

Ci ha ricordato che il rinnovamento urbano non è solo una questione di mattoni e malta; si tratta di ricostruire il tessuto della comunità, di promuovere un senso di appartenenza e di dare alle persone un motivo per credere nella forza del proprio potenziale.

Questo progetto esemplifica il potere della collaborazione, ma è solo un pezzo del puzzle.

Questo approccio deve essere replicato in tutta Italia, affrontando le sfide uniche di ogni quartiere.

Immaginiamo, per esempio, il potenziale della replica di questo modello in Roma, una città alle prese con un alto tasso di disoccupazione e un crescente senso di abbandono.

Riqualificando almeno un centro sportivo comunitario in un'area trascurata, la città potrebbe responsabilizzare i residenti, creare posti di lavoro e promuovere un senso di appartenenza.

I centro potrebbe diventare un catalizzatore di sviluppo sociale ed economico, ridando vita a un angolo dimenticato della città.

Il potere della collaborazione multisettoriale risiede nella sua capacità di sfruttare i punti di forza di diversi settori, creando un effetto sinergico che supera i confini della città.

Un effetto sinergico che supera la somma delle parti.

Quando le autorità locali, le organizzazioni della comunità, le forze dell'ordine e i professionisti del settore sportivo si uniscono, sbloccano una fonte di risorse, competenze e abilità, e passione.

Non si tratta solo di costruire centri sportivi; si tratta di costruire comunità, un passo alla volta.

Abbracciando questo approccio collaborativo, possiamo sbloccare il potenziale trasformativo dello sport, rivitalizzando gli spazi urbani e creando un futuro più inclusivo, equo e sostenibile per le città italiane.

Creare un senso di appartenenza alla comunità

La creazione di un senso di appartenenza alla comunità è fondamentale per garantire il successo e la sostenibilità a lungo termine di queste sostenibilità a lungo termine di questi centri sportivi riconvertiti.

Non si tratta solo di costruire una struttura fisica, ma di promuovere un senso di appartenenza e di responsabilità condivisa tra i residenti.

Ciò richiede un approccio deliberato e strategico che coinvolga la comunità in ogni fase del progetto, dalla concezione alla realizzazione e oltre.

Dare forza alle voci locali

La comunità deve essere coinvolta nel processo di pianificazione e progettazione, garantendo che le sue esigenze e aspirazioni si riflettano nel progetto finale.

Questo obiettivo può essere raggiunto attraverso una serie di workshop partecipativi, forum comunitari e focus group in cui i residenti possono condividere le loro idee, le loro preoccupazioni e la loro visione del centro sportivo.

Dare priorità alle voci dei diversi membri della comunità, compresi i giovani, gli anziani e gli individui appartenenti a gruppi emarginati, è fondamentale per creare uno spazio inclusivo e rappresentativo.

Costruire il senso di appartenenza della comunità

Una volta costruito il centro sportivo, la promozione di un senso di appartenenza richiede un impegno e un sostegno continui.

Questo può assumere varie forme:

Programmazione guidata dalla comunità

Incoraggiare i residenti ad appropriarsi del centro sviluppando e organizzando le proprie attività sportive, i corsi di fitness e i programmi ricreativi.

In questo modo, i residenti hanno la possibilità di partecipare in base alle loro esigenze e interessi specifici, rafforzando il senso di appartenenza e di proprietà.

Opportunità di volontariato

Incoraggiate i residenti locali a mettere a disposizione il loro tempo e le loro competenze per sostenere il funzionamento del centro.

Questo può comportare compiti come la gestione della struttura, l'organizzazione di eventi, il tutoraggio dei giovani o la fornitura di servizi di coaching.

Il volontariato non solo contribuisce al buon funzionamento del centro, ma rafforza anche il legame tra i residenti e la struttura.

Governance della comunità

Considerate la possibilità di istituire un consiglio della comunità per supervisionare la gestione e il funzionamento del centro.
In questo modo i residenti hanno voce diretta nel processo decisionale, assicurando che le loro esigenze e prospettive siano rappresentate.
Tale consiglio può anche essere un consiglio di questo tipo può essere determinante per la raccolta di fondi, per garantire i finanziamenti e per sostenere il centro in modo continuativo.

Coinvolgere i giovani e le famiglie

I centri sportivi possono essere particolarmente efficaci nel promuovere un senso di comunità tra i giovani e le famiglie.
A tal fine, è necessario adattare i programmi e le attività in modo specifico alle loro esigenze

Programmi incentrati sui giovani

Sviluppare programmi sportivi adatti all'età che incoraggino la partecipazione e lo sviluppo delle abilità.
Ciò può includere programmi di doposcuola, campi estivi e campionati giovanili, che offrono ai giovani l'opportunità di impegnarsi in attività salutari e di sviluppare preziose abilità di vita.

Eventi per le famiglie

Organizzare eventi e attività che riuniscano le famiglie, favorendo i legami sociali e creando ricordi condivisi.
Questo può comportare giornate sportive per le famiglie, eventi ricreativi, celebrazioni delle festività e incontri comunitari.
Questi eventi rafforzano il senso di comunità all'interno delle famiglie e incoraggiano la partecipazione alle attività del centro.

Affrontare le barriere sociali ed economiche

È essenziale affrontare tutte le barriere sociali o economiche che possono impedire ad alcuni membri della comunità di accedere al centro sportivo e di trarne beneficio.

Ciò può comportare:

Partecipazione a prezzi accessibili

Offrire assistenza finanziaria, borse di studio o tariffe ridotte per garantire l'accessibilità alle famiglie e agli individui a basso reddito.

Supporto per il trasporto

Fornire assistenza o sussidi per il trasporto per superare le barriere del trasporto, in particolare per le persone che non hanno accesso ai veicoli.

Sensibilità culturale

Assicurare che la programmazione e le attività del centro siano culturalmente sensibili e inclusive, rispondendo alle esigenze dei diversi gruppi etnici e culturali della comunità.

Sfruttare la tecnologia

La tecnologia può essere un potente strumento per migliorare la partecipazione e l'impegno della comunità.

Piattaforme online

Creare un sito web o una piattaforma di social media per il centro sportivo, consentendo ai residenti di accedere alle informazioni, iscriversi ai programmi e comunicare con il personale e gli altri membri.

Applicazioni mobili

Sviluppare un'applicazione mobile che consenta di accedere facilmente alle informazioni sul centro, al suo programma e ai prossimi eventi.
L'app può anche offrire funzioni come la prenotazione delle strutture, il monitoraggio dei progressi e la condivisione delle esperienze.

Costruire un futuro sostenibile

Promuovendo un senso di appartenenza alla comunità, i centri sportivi, riconvertiti possono diventare più che semplici spazi fisici.

Possono diventare centri vibranti di attività, connessione sociale e orgoglio comunitario, contribuendo alla rivitalizzazione a lungo termine dei quartieri e alla costruzione di un futuro più sostenibile per tutti.

Integrare lo sport nella vita della comunità

L'integrazione dello sport nel tessuto della vita comunitaria non consiste semplicemente nel fornire opportunità ricreative, ma nel tessere insieme i fili dell'interazione sociale, dello sviluppo delle abilità e del benessere generale.

Si tratta di creare uno spazio condiviso in cui si incontrano individui diversi, trascendendo le differenze e promuovendo un senso di appartenenza.

Immaginate questo: un centro comunitario in un'area precedentemente trascurata, un tempo simbolo del degrado urbano, ora pulsa con l'energia dei giovani che partecipano a un torneo di basket.

L'eco di risate e incitamenti riempie l'aria mentre giovani atleti provenienti da contesti diversi si sfidano, affinando le loro abilità grazie a sessioni di allenamento e pratica.

Oltre allo spirito competitivo, c'è un senso di cameratismo, un'esperienza condivisa che favorisce la comprensione e il legame.

Queste scene non sono solo frutto dell'immaginazione, ma rappresentano l'essenza stessa dello sport.

Possa essere sfruttato per trasformare le comunità.

Fornendo l'accesso a programmi sportivi organizzati, mettiamo gli individui, in particolare i giovani, in condizione di sviluppare abilità vitali che vanno ben oltre il campo da gioco.

La disciplina dell'allenamento, il lavoro di squadra favorito dalla condivisione degli obiettivi e la capacità di superare le sfide infondono resilienza, capacità di risolvere i problemi e senso di realizzazione.

Inoltre, lo sport funge da potente catalizzatore per l'inclusione sociale. Creando ambienti accessibili e accoglienti

i centri sportivi possono colmare il divario tra comunità diverse, favorendo un senso di condivisione degli obiettivi e di identità collettiva.

In molti casi, i programmi sportivi possono fungere da rete di sicurezza cruciale per i giovani vulnerabili, fornendo uno sbocco costruttivo alle loro energie e aspirazioni.

Offrono uno spazio lontano dalle influenze della criminalità e dell'esclusione sociale, consentendo agli individui di trovare uno scopo, sviluppare il proprio potenziale e contribuire positivamente alle loro comunità.

I benefici dell'integrazione dello sport nella vita della comunità non si limitano al benessere sociale.

Lo sport può anche fungere da motore per lo sviluppo economico.

Investendo in infrastrutture sportive in particolare nelle aree trascurate, si creano posti di lavoro, si stimolano le economie locali e si attira il turismo.

La rivitalizzazione di spazi abbandonati in centri sportivi orientati alla comunità può dare nuova vita a quartieri dimenticati, migliorando i valori delle proprietà e dimenticati, aumentando il valore delle proprietà e attirando nuovi residenti.

Il successo di queste iniziative si basa su un approccio olistico che tiene conto delle diverse esigenze della comunità. Richiede la collaborazione tra autorità locali, organizzazioni comunitarie, forze dell'ordine e professionisti dello sport.

Richiede inoltre l'impegno ad affrontare le barriere sociali ed economiche che possono economiche che possono ostacolare l'accesso alla partecipazione sportiva, garantendo l'inclusività e l'equità per tutti. Ciò significa offrire assistenza finanziaria per le quote di partecipazione, fornire opzioni di trasporto e adattare i programmi per soddisfare le esigenze dei disabili.

Immaginate una città in cui ogni quartiere abbia un centro comunitario vivace che offra una gamma diversificata di attività sportive.

Immaginate giovani di ogni estrazione sociale impegnati in sport di squadra, programmi di fitness e attività ricreative, le cui capacità e la cui fiducia crescono di giorno in giorno.

Immaginate le strade piene di bambini che giocano, le cui risate testimoniano l'impatto positivo dello sport sulle loro vite e sulle loro comunità.

Questa visione non è un sogno utopico, ma un obiettivo tangibile che può essere raggiunto attraverso uno sforzo concertato per integrare lo sport nel cuore della vita della comunità.

Riconoscendo il potere trasformativo dello sport, possiamo creare un ambiente più inclusivo, vivace e resiliente dove tutti hanno l'opportunità di prosperare.

Affrontare le barriere sociali ed economiche

Il percorso verso la costruzione di comunità sostenibili, richiede un approccio globale che affronti le barriere sociali ed economiche che ostacolano la partecipazione sportiva.
Lo sport, spesso salutato come forza unificante, può inavvertitamente diventare esclusivo, lasciando indietro alcuni segmenti della comunità.

Comprendere le barriere

Una moltitudine di fattori contribuisce all'esclusione degli individui dalla partecipazione attiva allo sport.
Queste barriere possono essere classificate in:

Barriere finanziarie
Costi delle attrezzature e degli equipaggiamenti

I costi iniziali associati all'acquisto di attrezzature sportive, abbigliamento e materiale specializzato possono rappresentare un onere finanziario significativo per le famiglie a basso reddito.

Tasse di iscrizione

I programmi sportivi prevedono spesso delle spese di iscrizione, comprese quelle per i campionati, per gli allenatori e per l'utilizzo delle strutture.

Costi di trasporto

Andare e tornare dagli impianti sportivi può essere una sfida finanziaria per chi non ha accesso a un mezzo di trasporto affidabile.

Barriere sociali
Disuguaglianza di genere

Tradizionalmente, alcuni sport sono percepiti come maschili, limitando le opportunità e l'accesso di donne e ragazze.

Barriere culturali ed etniche

La partecipazione sportiva può essere influenzata dalle norme culturali, dalle tradizioni familiari e dalla disponibilità di modelli all'interno di specifiche comunità etniche.

Discriminazione

Lo stigma sociale e la discriminazione basata su fattori come la razza, l'etnia, l'orientamento sessuale o la disabilità possono impedire agli individui di partecipare pienamente alla vita sportiva.

Barriere all'accessibilità
Accessibilità fisica

Gli impianti sportivi devono essere progettati per essere accessibili alle persone con disabilità, con rampe, ascensori e attrezzature adattate per garantire la loro inclusione.

Accessibilità geografica

L'accesso limitato agli impianti sportivi in alcuni quartieri o aree rurali può ostacolare notevolmente la partecipazione, in particolare per coloro che non dispongono di un mezzo di trasporto privato.

Vincoli di tempo

Le persone che devono affrontare orari di lavoro impegnativi o responsabilità familiari possono trovare difficile dedicare tempo alle attività sportive.

Affrontare le barriere: Un approccio olistico

Il superamento di queste barriere richiede un approccio su più fronti, che preveda la collaborazione tra enti locali, organizzazioni comunitarie, federazioni sportive e settore privato.

Programmi di assistenza finanziaria
Borse di studio e sussidi

L'attuazione di programmi che offrano assistenza finanziaria, borse di studio e sussidi per le famiglie a basso reddito può aiutare a coprire i costi delle attrezzature, dell'iscrizione e del trasporto.

Esonero dalle tasse

L'offerta di esenzioni o riduzioni delle tariffe per le famiglie svantaggiate può rendere la partecipazione più accessibile.

Programmi sportivi neutri dal punto di vista del genere

Incoraggiare la partecipazione a una gamma diversificata di sport, indipendentemente dal genere, può contribuire a smantellare le barriere tradizionali e a creare pari opportunità.

Iniziative multiculturali

Impegnarsi con comunità diverse per comprendere le loro norme e preferenze culturali possono aiutare a sviluppare programmi sportivi che rispondano alle loro esigenze.

Ampliare l'accessibilità
Adattamento delle strutture

Investire in strutture accessibili che soddisfino le esigenze delle persone con disabilità, comprese rampe, ascensori e attrezzature modificate, è fondamentale per l'inclusività.

Centri sportivi a livello comunitario

Lo sviluppo di centri sportivi in aree poco servite può migliorare l'accessibilità geografica, favorendo la partecipazione dei residenti che altrimenti non potrebbero accedervi.

Opzioni di orario flessibile

Offrire orari flessibili e fasce orarie per le sessioni di allenamento può venire incontro alle persone che hanno problemi di tempo.

Coinvolgimento della comunità
Programmi di mentoring

Mettere in contatto atleti esperti con giovani provenienti da comunità sottorappresentate può fornire una guida e dei modelli preziosi.

Attività di sensibilizzazione della comunità

Raggiungere attivamente le diverse comunità per promuovere la partecipazione sportiva, evidenziando i benefici e le opportunità disponibili.

Il potere trasformativo dello sport inclusivo

L'abbattimento delle barriere sociali ed economiche alla partecipazione sportiva favorisce un senso di coesione della comunità,
promuovere l'inclusione sociale e ridurre il tasso di criminalità.
Quando individui di ogni estrazione sociale hanno l'opportunità di praticare sport, sperimentano:

Miglioramento del benessere fisico e mentale

Lo sport offre uno sbocco naturale per l'attività fisica, promuovendo la salute, ridurre lo stress e migliorare il benessere mentale.

Aumento dell'autostima e della fiducia in se stessi

Il raggiungimento di obiettivi e lo sviluppo di abilità attraverso lo sport possono aumentare l'autostima e favorire il senso di realizzazione.

Miglioramento dei legami sociali

Lo sport offre opportunità di interazione sociale, costruendo amicizie e promuovendo un senso di appartenenza alla comunità.

Modelli di ruolo positivi e ispirazione

Lo sport offre modelli ispiratori e storie di successo, in particolare per le comunità sottorappresentate, incoraggiando gli individui a perseguire i propri sogni.

Riduzione della criminalità e della delinquenza

Impegnare i giovani nello sport può fornire struttura, disciplina e alternative positive alle influenze negative, riducendo il rischio di attività criminali.

Un futuro sostenibile attraverso lo sport inclusivo

Adottando un approccio olistico per affrontare gli ostacoli sociali ed economici alla partecipazione sportiva, possiamo sbloccare il potenziale trasformativo dello sport per creare comunità più inclusive e sostenibili.
Investire in iniziative sportive comunitarie non solo migliora la salute fisica e il benessere degli individui, ma contribuisce anche a creare una società più equa e giusta, in cui tutti i membri hanno l'opportunità di prosperare.

Creare un'eredità di sviluppo sostenibile

La creazione di un'eredità di sviluppo sostenibile va oltre la semplice costruzione di centri sportivi; si tratta di coltivare un ecosistema fiorente in cui la comunità prospera sotto tutti gli aspetti: sociale, economico e ambientale.
Si tratta di creare un effetto a catena che trascende i confini dell'impianto sportivo e si ripercuote sull'intero quartiere.
Immaginate un'area un tempo trascurata trasformata in un vivace centro di attività, dove i bambini sono impegnati in programmi sportivi salutari, i giovani adulti trovano opportunità di interazione sociale e di sviluppo delle competenze, e gli anziani trovano un'occasione di svago.
Iniziative che li mantengono attivi e impegnati.
L'impatto economico è altrettanto significativo.
Il centro sportivo diventa un catalizzatore per le imprese locali, creando posti di lavoro e favorendo la crescita economica.
L'afflusso di visitatori e partecipanti contribuisce alla rivitalizzazione del quartiere, portando nuova linfa ai negozi locali.

Al quartiere, portando nuova linfa ai negozi e ai ristoranti locali.

Al di là dei benefici immediati, il progetto lascia un'eredità di pratiche sostenibili.

L'edificio stesso è un esempio di sostenibilità, in quanto riduce al minimo gli sprechi e promuove il riutilizzo delle risorse esistenti, promuovendo il riutilizzo delle risorse esistenti.

L'attenzione per il coinvolgimento della comunità garantisce che il centro sportivo garantisce che il centro sportivo rimanga una parte importante del quartiere, con i residenti attivamente coinvolti nella sua gestione e manutenzione.

Ciò favorisce un senso di appartenenza e di responsabilità, contribuendo alla sostenibilità a lungo termine del progetto.

Il successo di queste iniziative può essere misurato dai miglioramenti tangibili del benessere della comunità.

La riduzione del tasso di criminalità, il miglioramento della salute, l'aumento dell'impegno civile e la migliore qualità della vita sono tutti indicatori di una comunità sostenibile e fiorente.

Il centro sportivo diventa un simbolo di speranza, dimostrando il potere di trasformazione dei progetti guidati dalla comunità.

Ecco alcuni esempi specifici di come queste iniziative creano un impatto duraturo.

Benessere sociale
Riduzione del tasso di criminalità

La presenza di un centro sportivo comunitario, in particolare durante le ore di doposcuola, può scoraggiare la criminalità fornendo un ambiente sicuro e strutturato per i giovani.

Alcuni studi hanno dimostrato una correlazione tra l'aumento della partecipazione sportiva e la riduzione dei tassi di criminalità, in particolare tra i giovani a rischio.

Miglioramento della salute

L'accesso agli impianti sportivi favorisce l'attività fisica, riducendo l'obesità, le malattie cardiovascolari e altri problemi di salute.
Il centro può anche ospitare eventi e workshop incentrati sulla salute, promuovendo una cultura della salute e del benessere all'interno della comunità.

Maggiore coesione sociale

Il centro diventa un luogo di incontro per persone provenienti da contesti diversi, favorendo l'interazione sociale, riducendo l'isolamento sociale e promuovendo un senso di appartenenza alla comunità.

Benessere economico
Creazione di posti di lavoro

La costruzione e il funzionamento del centro sportivo creano opportunità di lavoro in vari settori, tra cui la costruzione, la manutenzione, il coaching e l'amministrazione.
Il centro può anche fungere da polo di attrazione per le imprese locali, generando attività economica nell'area circostante.

Turismo e ricreazione

Il centro sportivo attira visitatori dall'esterno del quartiere, stimolando il turismo e generando entrate per le imprese locali.
 Crea, inoltre, una destinazione ricreativa per i residenti, migliorando la qualità della vita nel quartiere.

Sviluppo della comunità

Lo spazio rivitalizzato diventa un punto focale per gli eventi e le attività della comunità, favorendo un senso di orgoglio e di appartenenza.
Questa rivitalizzazione può attirare nuovi residenti e imprese, contribuendo alla crescita economica complessiva del quartiere.
Benessere ambientale
Pratiche edilizie sostenibili

La riqualificazione degli edifici esistenti minimizza i rifiuti e riduce l'impatto ambientale della costruzione.
Il centro può anche incorporare tecnologie verdi, come pannelli solari e illuminazione a basso consumo energetico, promuovendo un approccio sostenibile alle operazioni.

Spazi verdi

Il centro sportivo può essere progettato con spazi verdi, che offrono una pausa dall'ambiente urbano e promuovono la biodiversità.

Il centro può anche ospitare programmi di educazione ambientale, sensibilizzando alle pratiche sostenibili.

Riduzione della congestione del traffico

Il centro può essere situato a breve distanza a piedi o in bicicletta dalle comunità locali, riducendo la congestione del traffico e promuovendo il trasporto attivo.
Ciò contribuisce a un ambiente più sano e a un sistema di trasporto più sostenibile.
Creare un'eredità di sviluppo sostenibile non è un atto singolo, ma un processo continuo.
Richiede un impegno costante della comunità, partnership collaborative e un impegno per la sostenibilità a lungo termine.
Dando la priorità al benessere della comunità in tutti i suoi aspetti, queste iniziative lasciano un impatto duraturo che trasforma i quartieri, migliora le vite e crea un futuro migliore per tutti.

Lezioni apprese dalle iniziative italiane

L'esperienza italiana offre una grande quantità di lezioni apprese, fornendo preziose indicazioni sui fattori che contribuiscono al successo della riconversione di spazi abbandonati in vivaci centri sportivi comunitari.
Esaminando queste iniziative di successo, possiamo identificare principi e strategie chiave che possono essere replicati e adattati ad altri contesti urbani.
Una delle lezioni più cruciali apprese è l'importanza del coinvolgimento della comunità

in ogni fase del progetto, dalla pianificazione e progettazione alla realizzazione e gestione.

I progetti che hanno sfruttato con successo il contributo della comunità hanno registrato un maggiore senso di appartenenza e impegno, garantendo la sostenibilità e la rilevanza a lungo termine del progetto.

Questi progetti dimostrano che incorporare le prospettive e le esigenze della comunità nel processo di progettazione è fondamentale per creare spazi che siano veramente al servizio della comunità.

Ad esempio, nel caso del **Centro sportivo in provincia di Pisa, ricavato da un ex forno,** gli architetti e i progettisti hanno coinvolto attivamente i residenti in workshop e incontri per capire le loro esigenze, aspirazioni e preferenze.

Questo approccio collaborativo ha dato vita a un centro sportivo che riflette l'identità e le priorità uniche della comunità.

L'enfasi sul coinvolgimento della comunità ha favorito un senso di appartenenza e di proprietà tra i residenti, portando a un livello più alto di partecipazione e utilizzo dell'impianto.

Inoltre, il caso italiano evidenzia l'importanza della **collaborazione multisettoriale**

I progetti di maggior successo coinvolgono una rete di soggetti interessati, tra cui le autorità locali, le organizzazioni della comunità, le forze dell'ordine, le autorità locali, organizzazioni comunitarie, forze dell'ordine, professionisti dello sport e investitori privati.

Questo approccio collaborativo consente di mobilitare le risorse, le competenze e il sostegno necessari per il successo dell'implementazione e del funzionamento continuo dei centri sportivi.

Promuovendo partenariati e costruendo il consenso tra i diversi soggetti interessati, questi progetti hanno dimostrato il potere trasformativo dell'azione collettiva nell'affrontare le sfide urbane.

Ad esempio, il centro nella provincia pisana è un ottimo esempio di questo approccio collaborativo.

Il progetto è stato guidato da un comune locale, ma ha coinvolto anche partnership con club sportivi locali, organizzazioni comunitarie e donatori privati.

Queste collaborazioni sono state fondamentali per garantire e per assicurare i finanziamenti, coordinare le risorse e sviluppare programmi che rispondessero alle esigenze della comunità.

L'approccio multisettoriale ha garantito la sostenibilità a lungo termine del progetto, garantendo un sostegno continuo da più fonti.

Un altro aspetto fondamentale è l'importanza di
individuare i bisogni e le esigenze specifiche e affrontare le barriere sociali ed economiche
alla partecipazione sportiva.

Le iniziative di successo hanno identificato le sfide particolari affrontate da diversi segmenti della comunità, tra cui i giovani, le popolazioni emarginate e i disabili.

I segmenti della comunità, compresi i giovani, le popolazioni emarginate e le persone con disabilità. Adattando i programmi e i servizi programmi e servizi per rispondere a queste esigenze specifiche, questi progetti hanno dimostrato il potere dello sport di promuovere l'inclusione sociale e l'equità.

Il **Centro sportivo** Pisa Training Centre edificato sui terreni di Gagno acquistati anni fa dal Pisa Sporting Club è a un passo dal passaggio dalla teoria alla pratica, è un esempio di questo approccio.

Il centro offre una serie di programmi e servizi progettati per soddisfare le esigenze specifiche di comunità diverse.

Tra questi, i programmi di doposcuola per i giovani, i programmi sportivi per gli anziani e i programmi di sport adattivi per i disabili.

Affrontando le esigenze e le sfide uniche delle diverse comunità, il centro ha promosso con successo

diverse comunità, e con notevole successo la partecipazione e favorito il senso di appartenenza di tutti i residenti.

Oltre ad affrontare le barriere sociali, queste iniziative sottolineano anche l'importanza della sostenibilità economica

Riutilizzando strategicamente gli spazi esistenti, questi progetti sfruttano le infrastrutture esistenti e riducono al minimo i costi di costruzione.

Questo approccio economicamente vantaggioso consente di investire in strutture di alta qualità accessibili a una popolazione più ampia.

L'uso di materiali sostenibili e di tecnologie ad alta efficienza energetica promuove ulteriormente la responsabilità ambientale e la redditività economica a lungo termine.

responsabilità ambientale e la redditività economica a lungo termine.

Ad esempio, il

Centro sportivo

ha incorporato principi di progettazione sostenibile nella sua costruzione.

Il centro utilizza pannelli solari per la produzione di energia, la raccolta dell'acqua piovana per l'irrigazione e materiali riciclati per la costruzione.

componenti dell'edificio.

Queste caratteristiche non solo minimizzano l'impatto ambientale, ma contribuiscono anche alla sostenibilità economica a lungo termine del centro.

Infine, il caso italiano evidenzia l'importanza di adattabilità e flessibilità.

Le iniziative di successo riconoscono l'evoluzione dei bisogni e delle aspirazioni delle comunità e adattano i loro programmi e servizi di conseguenza.

Questo approccio dinamico consente un miglioramento continuo e garantisce che i centri sportivi rimangano rilevanti e rispondenti alle mutevoli esigenze degli utenti.

Un Centro sportivo esemplifica questo approccio adattivo.

Il centro valuta costantemente i suoi programmi e servizi, cercando il feedback degli utenti e adattando le sue offerte.

di feedback da parte degli utenti e adattando le sue offerte per soddisfare le esigenze emergenti.

Questa valutazione e adattamento continui hanno fatto sì che il centro rimanga uno spazio vivace e coinvolgente per la comunità.

In conclusione, l'esperienza italiana offre una ricca serie di insegnamenti che sottolineano il potere trasformativo degli sportivi comunitari riconversione di spazi abbandonati in centri sportivi comunitari.

L'enfasi sul coinvolgimento della comunità, sulla collaborazione multisettoriale, sulla programmazione mirata, sulla sostenibilità economica e sull'adattabilità sono fattori critici che hanno contribuito al successo di queste iniziative.

Facendo tesoro di questi insegnamenti, possiamo replicare e adattare questi modelli di successo ad altri contesti urbani, favorendo una nuova era di rinnovamento urbano e di progresso sociale nelle città di tutto il mondo.

Replicazione e scalabilità

Le storie di successo degli spazi riqualificati in Italia, come in Italia, come dimostrano i casi di studio, offrono una per altre città italiane che cercano di rivitalizzare le proprie aree trascurate.

Sebbene il potenziale di replicabilità e scalabilità sia notevole, è fondamentale riconoscere le sfide e le opportunità uniche presentate da ciascun contesto urbano.

Replicare il modello

Il successo dei centri sportivi comunitari in Italia si basa su diversi fattori chiave che possono essere replicati in altre città.

Collaborazione e partnership

I progetti di successo dimostrano l'importanza di creare forti collaborazioni tra autorità locali, organizzazioni comunitarie, professionisti dello sport e investitori privati.

Questi partenariati assicurano un approccio olistico, mettendo insieme risorse, competenze e sostegno per realizzare i progetti.

Coinvolgimento della comunità

Il coinvolgimento delle comunità locali nella partecipazione attiva alla pianificazione, progettazione e gestione dei centri sportivi è fondamentale per gestione dei centri sportivi è essenziale per promuovere la proprietà e la sostenibilità a lungo termine.
Questo impegno può assumere la forma di workshop partecipativi, forum comunitari e meccanismi di feedback continui.

Programmazione mirata

Il successo dei centri sportivi si basa sull'offerta di programmi che rispondono alle esigenze e agli interessi specifici della comunità.
Tra questi, i programmi di sviluppo giovanile, i corsi di fitness per anziani, le attività sportive accessibili ai disabili e i campionati sportivi ricreativi.

Riuso adattativo

L'uso innovativo di spazi abbandonati per centri sportivi dimostra il valore del riuso adattativo.
Le città possono esplorare la fattibilità di convertire edifici esistenti, come ex fabbriche, scuole o edifici pubblici, in vivaci centri di aggregazione.

Scalare il modello

L'estensione del modello ad altre città italiane richiede un approccio strategico che consideri sia le somiglianze che le differenze tra i singoli contesti urbani.

Identificare i luoghi adatti

Individuare spazi abbandonati con infrastrutture e ubicazione adeguate è fondamentale.
Gli urbanisti e i leader delle comunità devono condurre valutazioni approfondite per identificare le aree con un alto potenziale di rivitalizzazione, considerando fattori come la densità di popolazione, la vicinanza ai trasporti pubblici e il tasso di criminalità.

Adattare i programmi

Mentre i principi fondamentali dei centri sportivi comunitari rimangono coerenti, i programmi e le attività devono essere adattati alle caratteristiche demografiche e alle esigenze sociali di ciascuna comunità.
Ciò può comportare condurre sondaggi, focus group e consultazioni per comprendere le priorità e le preferenze della comunità.

Mobilitazione delle risorse

Il finanziamento di questi progetti spesso richiede una combinazione di risorse pubbliche e private.

Le città possono esplorare modelli di finanziamento innovativi, come i partenariati pubblico-privato, le donazioni filantropiche e le iniziative di raccolta fondi della comunità.

Sostenibilità e gestione a lungo termine

Per garantire la sostenibilità a lungo termine dei centri sportivi sono necessari piani di gestione completi, che includano la formazione del personale, i programmi di manutenzione e le strategie per generare entrate.
La creazione di capacità all'interno delle comunità di gestire e far funzionare queste strutture è fondamentale per il loro successo continuo.

Sfide e opportunità

L'espansione del modello ad altre città italiane presenterà indubbiamente delle sfide, ma offre anche significative opportunità di cambiamento:
Volontà politica e finanziamenti

Garantire il sostegno politico e i finanziamenti è fondamentale per far crescere queste iniziative.
È fondamentale coinvolgere i consigli comunali e le autorità locali affinché diano priorità ai progetti di rinnovamento urbano.
Gli sforzi di advocacy possono comportare la presentazione di dati convincenti sui benefici economici, sociali e ambientali dei centri sportivi comunitari.

Barriere sociali ed economiche

Affrontare le barriere sociali ed economiche che ostacolano la partecipazione allo sport rimane una sfida significativa.
Le città devono considerare la possibilità di offrire assistenza finanziaria, sussidi per il trasporto e programmi flessibili per garantire l'accessibilità a tutti i membri della comunità.

Acquisizione di terreni e processi normativi

L'acquisizione di terreni idonei per la costruzione di centri sportivi può essere un'impresa ardua, che comporta la necessità di navigare in complessi quadri giuridici e normativi.
I comuni dovrebbero snellire i processi di autorizzazione ed esplorare accordi innovativi di utilizzo del territorio per facilitare lo sviluppo di questi progetti.

Resistenza della comunità

Mentre molte comunità accolgono queste iniziative, altre possono esprimere preoccupazioni riguardo a
gentrificazione, il trasferimento o l'impatto sulle dinamiche sociali esistenti.
Coinvolgere le comunità in dialoghi trasparenti, affrontare le loro preoccupazioni e garantire benefici equi è fondamentale per costruire il consenso e promuovere l'inclusione.

Sfruttare il potenziale

Il successo della riqualificazione di spazi abbandonati in Italia testimonia il potenziale trasformativo dello sviluppo comunitario basato sullo sport.

Espandere questo modello ad altre città rappresenta un'opportunità per affrontare il declino urbano,
creare spazi pubblici vivaci e promuovere la coesione sociale.
Sfruttando il potere della collaborazione, dell'impegno della comunità e soluzioni innovative, le città italiane possono sfruttare il potenziale dello sport per creare un futuro migliore per tutti i residenti.

Gli effetti di ricaduta dello sviluppo basato sullo sport

La rivitalizzazione di spazi abbandonati in centri sportivi orientati alla comunità, come auspicato in questo libro, non produce solo benefici tangibili nelle immediate vicinanze, ma accende anche una catena di effetti a catena.
Ma anche una reazione a catena di impatti positivi in un paesaggio urbano più ampio.
Questi effetti a catena, spesso definiti "effetti di ricaduta", si estendono ben oltre i confini dell'impianto sportivo, permeando vari aspetti della vita comunitaria e contribuendo a un ambiente urbano più vivace e sostenibile.
Uno degli effetti più interessanti è il miglioramento della salute pubblica.
Fornendo spazi accessibili e invitanti per l'attività fisica, i centri sportivi comunitari incoraggiano i residenti ad adottare uno stile di vita più sano.
Questo non solo riduce l'incidenza di malattie croniche quali obesità e malattie cardiache, ma favorisce anche un senso di benessere e vitalità all'interno della comunità.
L'impatto positivo si estende a individui di tutte le età, dai bambini che partecipano ai programmi sportivi giovanili agli anziani impegnati in attività ricreative.

L'aumento dei livelli di attività fisica può tradursi in una riduzione dei costi sanitari, in una diminuzione dei livelli di stress e in una cittadinanza più attiva e impegnata.

Al di là dell'aspetto fisico, la creazione di centri sportivi comunitari favorisce anche la coesione sociale e l'orgoglio della comunità.

Queste strutture diventano punti di aggregazione, dove persone provenienti da contesti diversi possono connettersi, interagire e costruire relazioni.

Le esperienze condivise e gli obiettivi comuni sul campo da gioco trascendono le divisioni sociali ed economiche, favorendo un senso di appartenenza e di identità condivisa.

Questo, a sua volta, rafforza i legami sociali, riduce l'isolamento sociale e promuove una comunità più inclusiva ed equa.

Inoltre, lo sviluppo di impianti sportivi può fungere da catalizzatore per il turismo e la crescita economica.

Attirando visitatori esterni alla comunità, questi centri possono generare entrate, creare posti di lavoro e stimolare le imprese locali.

L'afflusso di turisti può stimolare l'economia locale, offrendo opportunità di crescita ad alberghi, ristoranti, negozi e altre attività commerciali.

Inoltre, la presenza di un impianto sportivo ben curato ed esteticamente gradevole può migliorare l'immagine complessiva del quartiere, attirando nuovi residenti e imprese, e contribuendo a creare un ambiente urbano più vivace e attraente.

Le ricadute positive dello sviluppo della comunità basata sullo sport si estendono ulteriormente, comprendendo la sostenibilità ambientale e la prevenzione della criminalità.

Creando spazi verdi e promuovendo il trasporto attivo, queste strutture possono contribuire a un ambiente più sano, riducendo l'inquinamento atmosferico e promuovendo una vita sostenibile.

Inoltre, la presenza di un centro comunitario vivace, pieno di attività e di impegno, può scoraggiare la criminalità creando un senso di controllo sociale e di vigilanza della comunità.

Quando i residenti sentono un senso di appartenenza e di orgoglio per il proprio quartiere, è più probabile che siano proattivi nel proteggere la comunità dalla criminalità.

È importante notare che l'impatto di questi effetti di ricaduta, dipende da un'attenta pianificazione e realizzazione del progetto di sviluppo comunitario basato sullo sport.

Coinvolgere le comunità locali nella progettazione e gestione dell'impianto è fondamentale per garantire che esso soddisfi le esigenze e le aspirazioni dei residenti.

I partenariati di collaborazione tra autorità locali, organizzazioni locali, professionisti dello sport e investitori privati sono essenziali per garantire le risorse e le competenze necessarie a creare progetti sostenibili e d'impatto.

Il potere trasformativo dello sviluppo comunitario basato sullo sport, non risiede solo nei suoi benefici immediati, ma anche nel suo impatto a lungo termine sul benessere sociale, economico e ambientale della comunità.

Affrontando le cause profonde del declino urbano e promuovendo un senso di appartenenza alla comunità, queste iniziative possono aprire la strada a un futuro più vivace, inclusivo e sostenibile per le città italiane.

Il successo di questi progetti testimonia il potenziale dello sport come catalizzatore di cambiamenti positivi e potente strumento per costruire un futuro migliore per tutti.

Creare un ecosistema urbano vibrante e sostenibile

Immaginate una città in cui gli spazi abbandonati, un tempo simbolo di incuria e degrado, si trasformano in centri comunitari vibranti, brulicanti di vita ed energia.
Immaginate questi spazi trasformati in centri sportivi comunitari, che pulsano con i suoni delle risate, del tifo e del ritmo dell'attività atletica.
Non si tratta solo di un sogno utopico, ma di una realtà tangibile che si sta realizzando una realtà tangibile che si sta realizzando nelle città di tutto il mondo, ed è un modello che ha un immenso potenziale per rivitalizzare gli ecosistemi urbani in Italia.
I centri sportivi comunitari, se strategicamente integrati nel tessuto della vita urbana, agiscono come potenti catalizzatori di un ecosistema urbano vibrante e sostenibile.
Essi contribuiscono non solo al benessere sociale ed economico delle comunità, ma anche alla loro salute ambientale.
Gli effetti positivi di questi centri si estendono ben oltre i confini del campo da gioco, creando un circuito di feedback positivo che migliora la qualità complessiva della vita nelle aree urbane.
A livello sociale, i centri sportivi comunitari fungono da potenti agenti per promuovere l'inclusione sociale, la coesione della comunità e l'empowerment individuale.

Creano spazi in cui persone di diversa provenienza possono incontrarsi, abbattere le barriere e costruire relazioni significative.

Offrendo programmi sportivi accessibili e inclusivi, questi centri danno l'opportunità a persone di ogni età, abilità e provenienza socioeconomica di partecipare all'attività fisica, sviluppare abilità essenziali per la vita e costruire l'autostima.

Questi spazi fungono da piattaforme per il dialogo comunitario, favorendo un senso di appartenenza e di condivisione e promuovendo l'armonia sociale.

I benefici economici dei centri sportivi comunitari sono altrettanto significativi.

Essi fungono da motori dello sviluppo economico locale, creando posti di lavoro, attirando investimenti e stimolando il turismo.

Offrendo opportunità di formazione e di sviluppo delle competenze, questi centri contribuiscono a dotare di formazione e di sviluppo delle competenze, questi centri aiutano a dotare gli individui delle capacità necessarie per avere successo nella forza lavoro, contribuendo a un'economia più vivace e competitiva.

Inoltre, l'aumento dell'attività generato dai centri sportivi contribuisce alla rivitalizzazione delle aree circostanti, attirando imprese e residenti.

Oltre ai benefici sociali ed economici, i centri sportivi comunitari svolgono un ruolo cruciale nel migliorare la sostenibilità ambientale delle aree urbane.

Incoraggiando l'attività fisica e promuovendo stili di vita sani, contribuiscono al benessere degli individui e alla salute generale della comunità.

La presenza di spazi verdi e di strutture sportive all'interno dei centri urbani può contribuire a mitigare gli impatti negativi dell'espansione urbana, promuovendo un'aria più pulita, riducendo l'inquinamento acustico e favorendo un ambiente più sostenibile.

Inoltre, i centri sportivi comunitari possono svolgere un ruolo chiave nella promozione di pratiche eco-consapevoli, come la riduzione dei rifiuti, l'efficienza energetica e l'edilizia sostenibile, costituendo un esempio positivo per la comunità.

Il potere trasformativo dei centri sportivi comunitari risiede nella loro capacità di mettere in contatto le persone, favorire l'interazione sociale e creare un senso di condivisione.

Non si limitano a offrire attività sportive, ma fungono da catalizzatori per lo sviluppo della comunità, l'emancipazione sociale e l'educazione.

Lo sviluppo della comunità, per l'emancipazione sociale e per un futuro più sano e sostenibile.

Incarnano un approccio olistico al rinnovamento urbano, riconoscendo che il benessere di una città è strettamente legato al benessere della sua gente, della sua economia e del suo ambiente.

Il contesto italiano: Un modello di rinnovamento urbano sostenibile

L'Italia, con la sua ricca storia e il suo patrimonio architettonico, deve affrontare una serie di sfide uniche quando si tratta di rinnovamento urbano.

L'economia post-industriale del Paese, unita ai cambiamenti demografici e alla presenza di demografica e la presenza di spazi abbandonati, ha contribuito al declino di alcune aree urbane. Tuttavia, l'Italia possiede anche una forte tradizione di impegno della comunità, di solidarietà sociale e di un profondo apprezzamento per la bellezza dei suoi spazi urbani.

Questa combinazione unica di sfide e punti di forza crea un terreno fertile per strategie innovative di rinnovamento urbano, come la riconversione di spazi abbandonati in centri sportivi comunitari.

Storie di successo: Da spazi abbandonati a centri di aggregazione vivaci

In tutta Italia, numerose storie di successo evidenziano il potere trasformativo dei centri sportivi comunitari.

Nella città di Torino, un ex complesso industriale, un tempo simbolo di declino industriale, un tempo simbolo di declino economico, è stato trasformato in un centro sportivo all'avanguardia.

Il centro ospita oggi una serie di strutture sportive, tra cui una palestra, una piscina e campi da gioco all'aperto.

Offre una vasta gamma di programmi che rispondono alle esigenze della comunità, dai campionati sportivi giovanili ai corsi di fitness per adulti.

Il centro è diventato un vivace centro di interazione sociale, che attrae persone di ogni estrazione sociale.

Ha contribuito a una significativa riduzione del tasso di criminalità, ha favorito un senso di orgoglio comunitario e ha rivitalizzato il quartiere circostante.

Nella città di Cinisello Balsamo provincia di Milano, un edificio fatiscente che era rimasto sfitto per anni è stato trasformato in un centro sportivo comunitario incentrato sull'inclusività.

Il centro fornisce strutture accessibili a persone con disabilità e offre programmi specializzati per persone provenienti da contesti svantaggiati.

Il centro ha creato un senso di appartenenza e di responsabilizzazione della comunità, promuovendo uno spirito di inclusione sociale e abbattendo le barriere.

È diventato un modello per altre comunità che cercano di creare spazi sportivi inclusivi e accessibili.

Questi esempi dimostrano l'impatto positivo che centri sportivi comunitari possono avere sulle città italiane.

Dimostrano il potenziale di trasformazione di spazi abbandonati in centri vivaci che fungono da catalizzatori per la coesione sociale, lo sviluppo economico e la sostenibilità ambientale.

Sfide e opportunità

Sebbene il potenziale dei centri sportivi comunitari in Italia sia innegabile, ci sono anche sfide che devono essere affrontate per garantirne il successo.

Garantire i finanziamenti per questi progetti, soprattutto in un periodo di ristrettezze economiche, può essere un ostacolo significativo.

Anche trovare spazi abbandonati adatti che soddisfino le esigenze della comunità e che possano essere riutilizzati può essere una sfida.

La creazione di partnership tra amministrazioni locali, organizzazioni comunitarie e investitori privati è essenziale per garantire che questi progetti siano sostenibili e rispondano alle diverse esigenze della comunità.

Nonostante queste sfide, le opportunità di utilizzare i centri sportivi comunitari come strumento di rinnovamento urbano in Italia sono immense.

Il governo italiano ha riconosciuto l'importanza dello sport nel promuovere la coesione sociale e lo sviluppo economico, e ha lanciato iniziative per sostenere lo sviluppo dello sport di comunità.

C'è una crescente consapevolezza dell'importanza di investire negli spazi urbani e di creare opportunità di ricreazione e interazione sociale.

Andare avanti: Una visione per il futuro

Mentre l'Italia continua a confrontarsi con le sfide del declino urbano, i centri sportivi comunitari offrono un percorso promettente verso un futuro più sostenibile ed equo.

Sfruttando il potere dello sport per promuovere l'inclusione sociale, la crescita economica e la sostenibilità ambientale, questi centri possono contribuire a creare ecosistemi urbani vivaci, inclusivi e resilienti.

Il futuro delle città italiane risiede nell'adozione di approcci innovativi al rinnovamento urbano, sfruttando il potere trasformativo dei centri sportivi comunitari per creare spazi che diano potere alle persone, promuovano la coesione sociale e contribuiscano a un futuro migliore per tutti.

Questa visione non è solo un sogno, ma un obiettivo tangibile e alla portata di tutti, che può essere raggiunto attraverso la collaborazione, l'impegno della comunità e l'impegno a creare una città più vivace, più vivace e più vivace.

Ed inclusivo e sostenibile per le città italiane.

L'importanza dell'inclusione sociale e dell'equità

La vera essenza del rinnovamento urbano non risiede solo nelle trasformazioni fisiche, ma nella creazione di una società giusta ed equa.

Se la riconversione di spazi abbandonati in vivaci centri sportivi contribuisse indubbiamente al ringiovanimento fisico di una città, l'obiettivo finale dovrebbe essere quello di promuovere l'inclusione sociale e l'equità, assicurando che i benefici del rinnovamento urbano raggiungano ogni angolo della comunità.

La sfida consiste nell'abbattere le barriere che spesso impediscono ai gruppi emarginati di partecipare pienamente ai benefici del progresso urbano e nel garantire che il processo di rivitalizzazione sia veramente inclusivo, senza lasciare indietro nessuno.

Immaginate una comunità in cui tutti abbiano pari accesso alle opportunità, indipendentemente dal loro background socioeconomico, dall'etnia o dalla disabilità.

In una società di questo tipo, i centri sportivi diventerebbero più che semplici luoghi di attività fisica, ma centri di interazione sociale, di costruzione di comunità e di emancipazione economica.

Servirebbero come catalizzatori per abbattere le divisioni sociali e promuovere un senso di condivisione tra gruppi diversi.

Tuttavia, la realtà sul campo è spesso in netto contrasto con questo ideale.

La povertà, la discriminazione e l'esclusione sociale continuano ad affliggere molte comunità urbane, creando ostacoli significativi alla mobilità sociale e impediscono la piena realizzazione del potenziale del rinnovamento urbano.

Per garantire che il rinnovamento urbano dia veramente potere alle comunità, è fondamentale affrontare le cause profonde della povertà, della discriminazione e dell'esclusione sociale,

Ciò richiede un approccio globale che vada oltre le infrastrutture fisiche e che affronti i fattori sociali ed economici che contribuiscono alla disuguaglianza.

Un passo fondamentale è investire in programmi di istruzione e formazione che dotino le comunità emarginate delle competenze e delle conoscenze necessarie per competere nel mercato del lavoro.

Fornire l'accesso a un'istruzione di qualità, alla formazione professionale e ai servizi di collocamento può mettere gli individui in condizione di sfuggire al ciclo della povertà e di contribuire al benessere economico delle loro comunità.

Inoltre, è essenziale smantellare le pratiche discriminatorie e le istituzioni che perpetuano la disuguaglianza.

Ciò significa affrontare la segregazione abitativa, le pratiche discriminatorie di assunzione e la disparità di accesso ai servizi sanitari e sociali.

Creando condizioni di parità per tutti i membri della società, possiamo garantire a tutti l'opportunità di avere successo.

Un altro elemento cruciale è la promozione della sensibilità culturale e della comprensione tra i diversi gruppi della comunità.

Favorendo il dialogo e promuovendo lo scambio interculturale, possiamo abbattere gli stereotipi, ridurre i pregiudizi e creare una società più inclusiva e coesa.

La creazione di centri sportivi accessibili e inclusivi svolge un ruolo fondamentale in questo processo. Assicurando che le strutture siano progettate per accogliere persone con disabilità, offrendo opzioni di iscrizione a prezzi accessibili e promuovendo attività sportive diversificate, possiamo rendere lo sport accessibile a tutti, indipendentemente dal loro background o dalle loro capacità.

Il rinnovamento urbano non consiste semplicemente nel costruire nuove infrastrutture; si tratta di costruire un futuro migliore per tutti.

Dando priorità all'inclusione sociale e all'equità, possiamo garantire che i progetti di rinnovamento urbano che diano davvero potere alle comunità e creino una società più giusta ed equa per tutti.

Inoltre, è importante riconoscere che l'inclusione sociale non consiste solo nel fornire l'accesso alle opportunità, ma anche nel garantire che gli individui abbiano il sostegno necessario per partecipare pienamente alle loro comunità.

Ciò include affrontare le questioni legate alla salute mentale, all'abuso di sostanze e alla violenza domestica, che spesso possono costituire un ostacolo all'inclusione sociale.

Investire in programmi basati sulla comunità che forniscano sostegno sociale, consulenza e servizi di riabilitazione può consentire alle persone di superare queste sfide e condurre una vita soddisfacente. Creando un ambiente solidale e inclusivo, possiamo aiutare le persone a liberarsi dal ciclo della povertà e dell'esclusione e a contribuire al benessere delle loro comunità.

L'importanza dell'inclusione sociale e dell'equità nel rinnovamento urbano, nel rinnovamento urbano non può essere sopravvalutata.

È la pietra angolare di un approccio veramente trasformativo che non solo migliora l'ambiente fisico, ma dà anche la possibilità agli individui e alle comunità di prosperare.

Abbracciando un approccio olistico che affronti le cause profonde dell'esclusione sociale, possiamo creare spazi urbani non solo vivaci e sostenibili, ma anche giusti ed equi per tutti.

Nell'intraprendere il viaggio del rinnovamento urbano in Italia, sforziamoci di creare città che non siano solo belle e funzionali, ma anche inclusive ed eque.

Costruiamo un futuro in cui tutti abbiano l'opportunità di partecipare ai benefici del progresso urbano e di contribuire alla creazione di una società più giusta e prospera per tutti.

Valorizzare le comunità

Immaginate un quartiere di una città in cui gli edifici sfitti ricordano la gloria passata e gettano un'ombra sul presente.

Questo è lo scenario di molti quartieri in Italia, dove il declino urbano ha messo radici, lasciando dietro di sé un senso di mancanza di speranza e disperazione.

È qui che entra in gioco il potere trasformativo dello sport di comunità, che ha la chiave per liberare il potenziale di questi spazi dimenticati e rivitalizzare lo spirito dei loro abitanti.

La visione che stiamo perseguendo va oltre il miglioramento estetico di questi edifici abbandonati.

Prevede un approccio olistico, in cui lo sport funge da catalizzatore per il cambiamento sociale, lo sviluppo economico e la coesione della comunità.

Non si tratta semplicemente di costruire un centro sportivo, ma di dare alle comunità la possibilità di appropriarsi dei loro spazi urbani, plasmando il loro futuro attraverso l'azione collettiva.

Immaginate questo: uno spazio un tempo trascurato trasformato in un vibrante centro sportivo comunitario, che pulsa di vita.

I bambini affinano le loro abilità atletiche, gli adolescenti trovano un rifugio sicuro dalle tentazioni della strada e le famiglie fanno attività ricreative insieme, rafforzando i legami.

Le famiglie si godono le attività ricreative insieme, rafforzando i legami e promuovendo il senso di appartenenza.

Non si tratta di un sogno irrealizzabile, ma di una visione che si sta realizzando nelle comunità di tutta Italia, ispirando speranza e trasformando le vite.

La chiave per liberare questo potenziale sta nel riconoscere il potere intrinseco della proprietà della comunità.

Quando le persone hanno un interesse nel loro quartiere, sono più propense a investire nel suo benessere.

I centri sportivi comunitari, progettati e gestiti dagli stessi residenti, diventano centri di interazione sociale, favorendo un senso di collettività.

E' promuovendo un senso di responsabilità e di orgoglio collettivo.

Questa responsabilizzazione si estende al di là dei confini del centro sportivo, creando un centro sportivo, creando quindi un cambiamento in tutto il quartiere.

La presenza di un impianto sportivo vivace e brulicante di attività trasmette un messaggio chiaro: "Questo è un luogo in cui le persone si preoccupano, in cui sta avvenendo un cambiamento positivo".

Attira investimenti, incoraggia la crescita economica e infonde un senso di speranza nella Comunità.

La bellezza di questo approccio risiede nella sua semplicità e nel suo fascino universale.

Lo sport trascende le barriere linguistiche, culturali e socioeconomiche, unendo le persone attraverso una passione e un'ambizione condivise.

Un centro sportivo comunitario diventa un terreno comune dove individui di ogni estrazione sociale possono riunirsi, creare legami e costruire un futuro migliore.

Il percorso di rinnovamento urbano non è privo di sfide.

Ci saranno ostacoli da superare, risorse da mobilitare risorse e creare partenariati.

Ma le ricompense sono immense e aprono la strada a un ambiente urbano più vivace, inclusivo e resiliente.

Pensate al parco di quartiere dove un tempo giocavano i bambini, ora invaso dalle erbacce e oscurato dai graffiti.

Immaginate quel parco trasformato in un vibrante centro sportivo, pulsante di energia, un faro di speranza in una comunità che ne ha disperatamente bisogno.

Questa non è una mera fantasia; è la realtà che si sta costruendo nelle città di tutta Italia, dove le comunità si stanno riappropriando dei loro spazi, delle erbacce e dei graffiti.

Le comunità si stanno riappropriando dei loro spazi, rivitalizzando i loro spiriti e creando un futuro più luminoso, uno sport alla volta.

Il potere dello sport di comunità risiede nella sua capacità di unire le persone, rafforzare i legami e costruire un senso di appartenenza collettiva.

È una forza potente per il cambiamento sociale, che favorisce lo sviluppo economico, promuove la salute pubblica e sviluppo economico, promuovendo la salute pubblica e creando un ambiente urbano più inclusivo e resiliente.

Dando alle comunità la possibilità di appropriarsi dei loro spazi, possiamo sbloccare il potenziale trasformativo dello sport e costruire un futuro migliore per tutti.

Al di là dello sport, l'impatto più ampio del rinnovamento urbano attraverso lo sport comunitario è la creazione di una società più giusta ed equa.

Si tratta di creare opportunità per tutti, indipendentemente dal loro background o dalle circostanze.

Si tratta di favorire il senso di appartenenza, promuovere l'inclusione sociale e garantire che nessuno venga lasciato indietro.

Immaginate una comunità in cui i giovani abbiano accesso a opportunità di sviluppo personale e professionale, in cui le famiglie abbiano spazi sicuri e salutari per riunirsi e in cui gli anziani possano rimanere attivi e impegnati.

Questa è la visione di un rinnovamento urbano guidato dalla comunità, dove lo sport non è solo un'attività ricreativa ma un catalizzatore di cambiamenti positivi.

L'impatto si estende al di là del singolo individuo, creando un cambiamento che va a beneficio dell'intera comunità.

Quando investiamo nello sport comunitario, investiamo nel futuro delle nostre città, dando forma a un domani più luminoso per le generazioni a venire.

Non si tratta solo di costruire centri sportivi, ma di costruire un futuro migliore per tutti.

Il ruolo della politica pubblica nel sostenere il rinnovamento urbano

La trasformazione di spazi urbani trascurati in vivaci centri sportivi comunitari non è una semplice ristrutturazione fisica, ma una componente cruciale di un progetto di rinnovamento urbano.

Ciò richiede uno sforzo di collaborazione, che coinvolga le autorità locali, i membri della comunità e i professionisti dello sport.

Tuttavia, per realizzare veramente questa trasformazione, è necessario un cambiamento fondamentale nelle politiche pubbliche.

Le politiche pubbliche dovrebbero non solo riconoscere i benefici sociali ed economici dello sviluppo basato sullo sport, ma anche incentivare e sostenere attivamente la sua attuazione.

Ciò significa creare un ambiente in cui le iniziative sportive orientate alla comunità siano incoraggiate, promosse e adeguatamente finanziate.

Ciò richiede un approccio globale e sfaccettato che affronti diverse aree chiave.

1. Finanziamenti e investimenti
Sovvenzioni e incentivi mirati

Le agenzie governative dovrebbero istituire programmi di sovvenzioni e incentivi fiscali specifici per lo sviluppo di progetti sportivi a livello comunitario.

Queste iniziative dovrebbero dare priorità ai progetti che dimostrano un chiaro impegno per l'inclusione sociale, l'accessibilità e l'impegno della comunità.

Partenariati pubblico-privato

Incoraggiare i partenariati pubblico-privato può sbloccare risorse finanziarie significative per questi progetti. Le agenzie governative dovrebbero creare

processi semplificati per facilitare questi partenariati, rendendo più facile per gli investitori privati contribuire alla realizzazione di impianti sportivi orientati alla comunità.

Diversificare le fonti di finanziamento

L'esplorazione di fonti di finanziamento alternative, come la raccolta di fondi comunitari, le sponsorizzazioni aziendali e il crowdfunding, può diversificare la base finanziaria di questi progetti, riducendo la dipendenza dai soli finanziamenti pubblici.

2. Supporto normativo
Processi di autorizzazione semplificati

La semplificazione dei processi di autorizzazione e regolamentazione per i centri sportivi comunitari può accelerare lo sviluppo del progetto e ridurre al minimo gli ostacoli burocratici.

Politiche di utilizzo del territorio flessibili

Le amministrazioni locali dovrebbero prendere in considerazione regolamenti urbanistici che incoraggino la conversione di spazi liberi o sottoutilizzati in impianti sportivi. Ciò può comportare la creazione di nuove categorie urbanistiche o la modifica di quelle esistenti per riflettere le esigenze specifiche di questi progetti.

Esenzioni fiscali

La concessione di esenzioni o riduzioni d'imposta per le organizzazioni coinvolte nello sviluppo di impianti sportivi a livello di comunità può fornire un significativo incentivo finanziario per queste iniziative.

3. Sviluppo di capacità e formazione
Formazione per lo sviluppo della comunità

Investire in programmi di formazione per i leader della comunità, i residenti e i potenziali responsabili dei progetti può fornire loro le competenze e le conoscenze necessarie per gestire e sostenere centri sportivi di successo.

Programmi di coaching e leadership sportiva

Il finanziamento di programmi che formano i residenti locali come allenatori, mentori e leader dei programmi può creare una forza lavoro sostenibile per queste iniziative.

Opportunità di mentorship e networking

Fornire opportunità di tutoraggio e mettere in contatto i gruppi comunitari con professionisti esperti nel campo dello sviluppo dello sport e lo sviluppo sportivo possono offrire una guida e un sostegno preziosi.

4. Accessibilità e inclusione
Principi di progettazione universale

La politica pubblica dovrebbe imporre che tutti i nuovi centri sportivi comunitari aderiscano ai principi di progettazione universale, garantendo l'accessibilità alle persone con disabilità.
Ciò include caratteristiche come rampe, ascensori e servizi igienici accessibili.

Partecipazione a prezzi accessibili

Le politiche dovrebbero promuovere:
partecipazione sportiva a prezzi accessibili, offrendo borse di studio, tariffe agevolate per i programmi e altre iniziative per garantire che tutti, indipendentemente dal loro background socioeconomico, abbiano accesso a queste opportunità.

Sensibilità culturale

Le politiche devono riconoscere la diversità culturale delle comunità e incoraggiare lo sviluppo di programmi sportivi che riflettano le esigenze e gli interessi unici dei diversi gruppi culturali.

5. Raccolta dati e monitoraggio
Metriche di prestazione

Lo sviluppo e l'implementazione di solidi sistemi di raccolta dei dati per monitorare l'impatto sociale, economico e ambientale di queste iniziative è fondamentale per dimostrarne l'efficacia e sostenere la necessità di continuare a investire.

Valutazione indipendente

Condurre regolarmente valutazioni indipendenti di questi progetti per valutarne l'impatto sui tassi di criminalità, sull'impegno della comunità, sui risultati sanitari e sullo sviluppo economico possono informare le decisioni politiche e garantire la responsabilità.

Condividere le migliori pratiche

Condividere i dati e le migliori pratiche dei progetti di successo in tutto il Paese può fornire preziose indicazioni ai politici e alle comunità che cercano di implementare iniziative simili.

Andare avanti

L'attuazione di politiche pubbliche che sostengano e incentivino lo sviluppo dello sport a livello di comunità può creare un ambiente urbano più inclusivo ed equo.

Queste politiche devono riconoscere il potere intrinseco dello sport di promuovere la coesione sociale, lo sviluppo economico e il benessere della comunità.

Adottando un approccio strategico e globale, possiamo sfruttare il potere trasformativo dello sport per rivitalizzare spazi urbani trascurati, responsabilizzare le comunità e costruire un futuro più sostenibile per le città italiane.

Sfide e opportunità per lo sviluppo sostenibile

Il futuro della rivitalizzazione urbana in Italia dipende dall'adozione dei principi dello sviluppo sostenibile.
Sebbene la nazione vanti un ricco patrimonio culturale e meraviglie architettoniche, molte città italiane sono alle prese con le sfide del declino urbano, delle disuguaglianze sociali e del degrado ambientale. Affrontare queste complessità richiede un approccio multiforme che dia priorità a soluzioni a lungo termine e a iniziative guidate dalla comunità.
Una delle opportunità più significative per lo sviluppo sostenibile consiste nello sfruttare il potere dello sport.
Lo sport può fungere da catalizzatore per l'inclusione sociale, la crescita economica e la coesione della comunità.
Questo aspetto è particolarmente rilevante nel contesto italiano, dove una forte enfasi sullo sport e sulle attività
La ricreazione certamente è profondamente radicata nella cultura nazionale.
La riconversione di spazi abbandonati in vivaci centri sportivi comunitari rappresenta un'opportunità unica di rivitalizzazione.
Questo approccio non solo affronta il deterioramento fisico delle aree trascurate, ma favorisce anche un senso di appartenenza e di coinvolgimento della comunità.

Creando strutture sportive accessibili e inclusive, le città italiane possono responsabilizzare i residenti, promuovere stili di vita sani e combattere l'esclusione sociale.

Tuttavia, la realizzazione di uno sviluppo urbano sostenibile in Italia deve affrontare diverse sfide.

Il clima economico, gli ostacoli burocratici e le limitate risorse finanziarie possono ostacolare i progressi.

Inoltre, affrontare questioni profondamente radicate come le disuguaglianze sociali e la criminalità richiede un approccio globale che vada oltre lo sviluppo delle infrastrutture.

Un elemento cruciale per il successo è la creazione di solidi partenariati pubblico-privato.

Collaborando con le autorità locali, le imprese e le organizzazioni della comunità, il processo di rivitalizzazione può beneficiare di diverse competenze, risorse finanziarie e conoscenze locali.

Inoltre, lo sviluppo sostenibile richiede una visione a lungo termine e l'impegno di tutte le parti interessate.

Ciò include l'investimento nel rafforzamento delle capacità, la promozione della comunità e promuovere una cultura di collaborazione.

Dando alle comunità locali la possibilità di partecipare alla pianificazione e alla gestione di questi

progetti, le città possono garantirne la sostenibilità a lungo termine.

Anche l'adozione della tecnologia e dell'innovazione può svolgere un ruolo cruciale nel promuovere lo sviluppo urbano sostenibile.

Le soluzioni per le città intelligenti, le piattaforme digitali per il coinvolgimento delle comunità e gli approcci basati sui dati possono aiutare a ottimizzare l'allocazione delle risorse, a migliorare l'efficienza e a migliorare la qualità del lavoro.

Le risorse, migliorare l'efficienza e la qualità della vita dei residenti.

È fondamentale riconoscere che, sebbene lo sport possa essere un potente strumento di rinnovamento urbano, non è una panacea.

Affrontare problemi sociali ed economici complessi richiede un approccio multidisciplinare che comprenda l'istruzione, la creazione di posti di lavoro e le iniziative di assistenza sociale.

In definitiva, il successo degli sforzi di rivitalizzazione urbana in Italia dipende dalla promozione di una cultura della responsabilità collettiva e della proprietà condivisa.

Sfruttando il potere della comunità, dello sport e dei principi dello sviluppo sostenibile, le città italiane possono tracciare un percorso verso un futuro più vivace, inclusivo e resiliente.

Innovazione e tecnologia nella rivitalizzazione urbana

Il futuro della rivitalizzazione urbana in Italia è molto promettente, soprattutto se si abbraccia l'innovazione e la tecnologia come componenti integrali del processo di rinnovamento.

Il potenziale della tecnologia per amplificare il coinvolgimento della comunità, ottimizzare l'allocazione delle risorse e promuovere pratiche sostenibili non può essere sopravvalutato.

Immaginate uno scenario in cui spazi abbandonati si trasformano in vivaci centri di aggregazione dotati di tecnologie all'avanguardia.

Grazie all'impiego strategico di sensori, piattaforme di analisi dei dati e display digitali interattivi, questi centri diventano piattaforme dinamiche per il coinvolgimento della comunità, favorendo il senso di appartenenza.

I sensori, ad esempio, potrebbero monitorare i modelli di utilizzo in tempo reale, consentendo di ottimizzare l'allocazione degli spazi e la creazione di programmi di fitness personalizzati.

Questo approccio basato sui dati garantisce che le strutture rispondano alle esigenze e alle preferenze specifiche della comunità locale.

Inoltre, l'adozione di tecnologie avanzate può migliorare significativamente la sostenibilità di queste iniziative di rinnovamento urbano.

L'integrazione di fonti di energia rinnovabile, come pannelli solari e turbine eoliche, nella progettazione di questi spazi non solo riduce l'impatto ambientale, ma crea anche l'opportunità per le comunità locali di diventare parte attiva della rivoluzione energetica verde.

Oltre all'efficienza energetica, la tecnologia può essere sfruttata per promuovere una mobilità urbana sostenibile.

I sistemi di trasporto intelligenti, tra cui le stazioni di ricarica dei veicoli elettrici, i programmi di bike-sharing e i sistemi di gestione intelligente del traffico, contribuiscono a rendere l'ambiente urbano più pulito ed efficiente.

Queste iniziative non solo riducono le emissioni di anidride carbonica, ma creano anche un paesaggio urbano più pedonale e inclusivo.

Il potenziale della tecnologia va oltre le infrastrutture fisiche, incidendo sul tessuto stesso della vita comunitaria.

Le piattaforme digitali possono consentire ai residenti di partecipare attivamente al processo decisionale, plasmando le loro comunità attraverso piattaforme collaborative per la pianificazione urbana, la polizia comunitaria e l'allocazione delle risorse.

Immaginate i residenti che usano un'applicazione mobile per segnalare problemi come i graffiti o gli edifici abbandonati, promuovendo un senso di responsabilità civica e la collaborazione con le autorità locali.

Il regno digitale presenta anche opportunità impareggiabili per promuovere l'inclusione sociale e la diversità.

Le piattaforme online possono facilitare l'accesso alle informazioni, alle risorse e alle connessioni sociali per le popolazioni vulnerabili, colmando il divario digitale e consentendo agli individui di partecipare pienamente alla vita della comunità.

La realtà virtuale e la realtà aumentata possono creare esperienze coinvolgenti, arricchendo la vita dei residenti e mostrando il potenziale trasformativo delle iniziative di rinnovamento urbano.

L'integrazione della tecnologia nel rinnovamento urbano richiede un'attenta considerazione del suo potenziale impatto sull'equità sociale.

Se da un lato la tecnologia offre un immenso potenziale, dall'altro è fondamentale affrontare le sfide dell'alfabetizzazione digitale e dell'accesso, garantendo che tutti i membri della comunità beneficino in egual misura di queste innovazioni.

Per massimizzare le competenze digitali delle comunità locali, è essenziale che i programmi educativi e i partenariati pubblico-privati sono fondamentali per massimizzare i benefici della tecnologia e promuovere uno sviluppo urbano inclusivo.

Il futuro della rivitalizzazione urbana in Italia si basa su una sinergia di creatività, tecnologia e impegno della comunità.

Abbracciando il potere trasformativo dell'innovazione e sfruttando il potenziale della tecnologia, le città italiane possono intraprendere un viaggio verso un futuro più sostenibile, equo e vivace.

La trasformazione di spazi abbandonati in centri comunitari dinamici, alimentati dalla tecnologia e dall'azione collettiva, è la chiave per liberare il pieno potenziale del rinnovamento urbano italiano. Immaginiamo un futuro in cui la tecnologia dia potere alle comunità, promuove l'inclusività e apre la strada a un'Italia più sostenibile e resiliente.

Il ruolo della formazione e dello sviluppo delle capacità

Il futuro della rivitalizzazione urbana in Italia si basa su un elemento cruciale: l'empowerment delle comunità attraverso l'educazione e il capacity building.

La istruzione e lo sviluppo delle capacità.

La semplice costruzione di centri sportivi non è sufficiente.

Dobbiamo dotare le comunità delle competenze e delle conoscenze necessarie per gestire e sostenere questi progetti a lungo termine.

È qui che entra in gioco il ruolo critico dell'istruzione e dello sviluppo delle capacità.

Immaginate uno scenario in cui le comunità non siano solo beneficiari di questi progetti di rivitalizzazione, ma partecipano attivamente ma partecipano attivamente alla costruzione del loro futuro.

Per realizzare questa visione è necessario investire in programmi educativi che forniscano ai residenti le conoscenze e le competenze necessarie per gestire, mantenere e sviluppare ulteriormente questi centri sportivi comunitari.

Non si tratta solo di insegnare competenze tecniche, ma anche di promuovere la leadership, la capacità di risolvere i problemi e i conflitti.

Si tratta di dotare le comunità degli strumenti necessari per diventare autosufficienti e sostenibili nel loro percorso di rivitalizzazione urbana.

Ecco come questo concetto può essere implementato:

1. **Sviluppo di programmi di leadership comunitaria:**

Programmi di formazione su misura per dotare i membri della comunità delle competenze necessarie per gestire e dirigere efficacemente i centri sportivi.

Questi programmi dovrebbero includere moduli sulla gestione finanziaria, sulla pianificazione dei progetti, sulla risoluzione dei conflitti, sul marketing e sulla raccolta di fondi.

2. **Creazione di centri di formazione per la gestione dello sport nella comunità:**

Strutture o programmi dedicati che forniscano formazione pratica nella gestione dello sport, nella manutenzione e nella cura degli impianti.

Immaginate un centro in cui i residenti possano imparare a curare le attrezzature, a gestire il budget e a organizzare eventi sportivi.

3. **Collaborazione con le istituzioni educative:**

Collaborare con le scuole, le università e i centri di formazione professionale locali per offrire corsi specializzati in gestione sportiva, pianificazione urbana e sviluppo della comunità.
In questo modo si può creare una riserva di persone qualificate pronte a contribuire allo sforzo di rivitalizzazione.

4. **Integrare la sostenibilità nell'istruzione:**

Garantire che tutti i programmi di istruzione e formazione enfatizzino i principi della sostenibilità.
Ciò potrebbe includere moduli sull'efficienza energetica, sulla gestione dei rifiuti e sulle pratiche di bioedilizia.

5. **Creare reti di apprendimento a livello comunitario:**

Creare reti in cui le comunità possano condividere conoscenze, buone pratiche e sfide, favorendo l'apprendimento tra pari e un senso di appartenenza collettiva.

I vantaggi di questo approccio sono di vasta portata:
Aumento del senso di appartenenza alla comunità

Quando i residenti sono coinvolti attivamente nella pianificazione e nella gestione dei loro centri sportivi, sviluppano un senso di appartenenza e di orgoglio, rendendo il progetto più sostenibile.

Maggiore sostenibilità

Costruendo capacità all'interno delle comunità, i progetti di rivitalizzazione diventano meno dipendenti da finanziamenti e competenze esterne, favorendo la resilienza a lungo termine.

Miglioramento della coesione sociale

Le esperienze condivise di apprendimento e collaborazione possono rafforzare i legami comunitari, favorendo un senso di unità e di finalità condivisa.

Maggiore empowerment economico

Dotate delle competenze e delle conoscenze necessarie per gestire e sviluppare i centri sportivi, le comunità possono creare opportunità di crescita economica e di occupazione locale.

Il successo della rivitalizzazione urbana in Italia dipende da un approccio olistico che va oltre le infrastrutture fisiche.

È necessario investire nelle persone che vivono in queste comunità, dotandole delle conoscenze e delle competenze necessarie per costruire un futuro migliore per loro stessi e per i loro quartieri.

L'istruzione e lo sviluppo delle capacità non sono semplici aggiunte, ma elementi essenziali per un processo di rivitalizzazione urbana veramente trasformativo e sostenibile.

Costruire partnership e reti

Il viaggio verso la rivitalizzazione degli spazi urbani in Italia richiede un approccio collaborativo e strategico, che trascenda gli sforzi individuali e promuova uno spirito collettivo di innovazione e responsabilità condivisa.

La costruzione di partenariati e reti tra i vari stakeholder è fondamentale per garantire il successo e la sostenibilità delle iniziative di rinnovamento urbano.

È attraverso la collaborazione che si possono mettere in comune le risorse, condividere le competenze e amplificare le conoscenze, creando una potente forza di cambiamento positivo.

Al centro di questa visione collaborativa c'è la creazione di partenariati multisettoriali, che riuniscono autorità locali, organizzazioni comunitarie, forze dell'ordine, enti locali e associazioni.

Promuovendo il dialogo e stabilendo obiettivi comuni, queste partnership possono sfruttare i punti di forza di ciascun partner, colmare le lacune in termini di competenze e risorse per raggiungere gli obiettivi condivisi.

Immaginate uno scenario in cui le autorità locali forniscono finanziamenti e supporto normativo, mentre le organizzazioni comunitarie apportano la loro profonda conoscenza dei bisogni e delle aspirazioni locali.

I professionisti dello sport possono contribuire con la loro conoscenza della programmazione sportiva e del coinvolgimento della comunità.

Mentre le forze dell'ordine possono svolgere un ruolo fondamentale nel garantire la sicurezza, in particolare nelle aree a rischio di criminalità.

Al di là delle partnership formali, la costruzione di reti solide tra individui e organizzazioni che lavorano per obiettivi simili è altrettanto cruciale.

Queste reti possono servire come piattaforme per la condivisione delle conoscenze, lo scambio di buone pratiche e lo sviluppo di progetti collaborativi.

Incontri regolari, workshop e conferenze possono facilitare il dialogo, ispirare idee innovative e alimentare un senso di finalità collettiva.

Il potere delle reti risiede nella capacità di mettere in contatto individui e organizzazioni al di là dei confini geografici, consentendo il trasferimento delle lezioni apprese e la replica di modelli di successo.

Si pensi al potenziale della creazione di una "Rete di campioni del rinnovamento urbano" in Italia, che riunisca persone di diversa provenienza appassionate di rivitalizzazione urbana.

Questa rete potrebbe fornire una piattaforma per la condivisione delle conoscenze, il supporto tra pari e lo sviluppo di iniziative comuni.

La rete potrebbe organizzare conferenze annuali, workshop e webinar, riunendo operatori, accademici e politici per discutere le tendenze emergenti, condividere le migliori pratiche ed esplorare nuove opportunità.

Inoltre, sfruttare il potere della tecnologia può migliorare significativamente l'efficacia dei partenariati e delle reti.

Le piattaforme digitali e le comunità online possono facilitare la comunicazione, la condivisione delle risorse e la gestione collaborativa dei progetti.

I forum online possono offrire uno spazio di dialogo aperto, consentendo ai partecipanti di condividere intuizioni, sfide e potenziali soluzioni,

Le piattaforme interattive possono essere utilizzate per seguire i progressi del progetto, monitorare i risultati e facilitare l'analisi dei dati.

La creazione di partenariati e reti non deve essere vista come una mera formalità, ma piuttosto come un investimento strategico nel futuro della rivitalizzazione urbana in Italia.

Queste strutture collaborative offrono un quadro di riferimento per la condivisione delle responsabilità, la mobilitazione delle risorse e la diffusione delle conoscenze, favorendo una cultura della rivitalizzazione e diffusione delle conoscenze, promuovendo una cultura dell'innovazione e della

Lavorando insieme, diversi soggetti interessati possono essere interessati e possono superare le sfide del declino urbano, trasformando gli spazi abbandonati in risorse comunitarie vivaci che contribuiscono a un futuro più luminoso per tutti.

Esempi di partnership di successo in progetti di rivitalizzazione urbana in Italia possono servire da ispirazione e guidare lo sviluppo di iniziative future.

Per esempio, l'iniziativa "Sport & Città", una collaborazione tra il Ministero dello Sport e l'Istituto Nazionale di Urbanistica, ha realizzato con successo una serie di progetti che combinano lo sviluppo di infrastrutture sportive con programmi di inclusione sociale e sviluppo della comunità.

Attraverso questa partnership, hanno trasformato edifici abbandonati in centri sportivi polivalenti che rispondono alle esigenze di comunità diverse.

Questi centri non solo hanno fornito l'accesso alle strutture sportive, ma hanno anche favorito la coesione sociale, ridotto il tasso di criminalità e creato opportunità economiche nei quartieri emarginati.

Un altro esempio degno di nota è il "Progetto di rigenerazione urbana" nella città di Milano, uno sforzo di collaborazione che coinvolge il comune, gli sviluppatori del settore privato e i gruppi della comunità locale.

Questo progetto si è concentrato sulla rivitalizzazione di un'ex area industriale, trasformandola in un vivace quartiere urbano con un mix di spazi residenziali, commerciali e pubblici, commerciale e spazi pubblici, tra cui un complesso sportivo all'avanguardia.

Il progetto è stato apprezzato per il suo impegno verso l'inclusione sociale, l'impegno della comunità e lo sviluppo sostenibile, dimostrando il potere della collaborazione multisettoriale nel realizzare cambiamenti duraturi.

La costruzione di partnership e reti richiede l'impegno a promuovere la fiducia, la trasparenza e il rispetto reciproco tra tutti i partecipanti.

Canali di comunicazione chiari, incontri regolari e una visione condivisa del futuro sono essenziali per garantire una collaborazione efficace.

Inoltre, è fondamentale coinvolgere le comunità locali nella pianificazione e nell'attuazione dei progetti di rinnovamento urbano.

Assicurando che la loro voce sia ascoltata e che le loro esigenze siano soddisfatte.

In prospettiva, la creazione di partenariati e reti sarà fondamentale per plasmare il futuro della rivitalizzazione urbana in Italia.

Queste strutture di collaborazione offrono un potente strumento per sfruttare le risorse, condividere le conoscenze e promuovere un senso di responsabilità condivisa.

Attraverso gli sforzi di collaborazione, possiamo creare spazi urbani vivaci e inclusivi a beneficio di tutti i membri della società.

È attraverso il potere dell'azione collettiva che possiamo garantire un futuro in cui le città italiane siano vivaci, resilienti e fari del progresso.

Creare un'eredità di città sostenibili e inclusive

Il viaggio verso un futuro più sostenibile e inclusivo per le città italiane richiede una visione coraggiosa e duratura, che abbracci il potere trasformativo dello sviluppo sportivo basato sulla comunità.

Questa visione, delineata in questo libro, richiede la creazione di spazi urbani vibranti, resilienti ed equi, dove tutti abbiano l'opportunità di prosperare.

Immaginate un futuro in cui spazi trascurati siano rinati come fiorenti centri sportivi comunitari, le cui pareti risuonino dei suoni delle risate, degli applausi e del ritmo della pallacanestro.

Questi spazi non sarebbero semplici campi da gioco, ma centri di interazione sociale, opportunità economiche e orgoglio comunitario.

Per realizzare questa visione, dobbiamo superare i limiti delle tradizionali strategie di rivitalizzazione urbana e adottare un approccio olistico.

Questo approccio richiede la collaborazione delle autorità locali, delle organizzazioni comunitarie, delle forze dell'ordine, dei professionisti dello sport e, soprattutto, degli stessi residenti.

È attraverso l'azione collettiva che possiamo sbloccare il vero potenziale dello sport per promuovere la coesione della comunità, creare un senso di appartenenza e dare ai singoli la possibilità di plasmare il proprio destino.

Immaginiamo un futuro in cui questi centri sportivi comunitari diventino catalizzatori di cambiamenti sociali positivi.

Fornendo spazi sicuri e accessibili per l'attività fisica e la ricreazione, favoriranno un senso di benessere, promuovendo stili di vita più sani e riducendo l'incidenza delle malattie croniche.

Inoltre, fungono da piattaforme per l'istruzione e lo sviluppo di competenze, offrendo a giovani e adulti l'opportunità di apprendere nuove abilità, costruire il proprio futuro.

Ai giovani e adulti di apprendere nuove competenze, rafforzare la propria fiducia ed esplorare il proprio potenziale.

L'impatto economico di questi centri andrebbe ben oltre i benefici immediati della creazione di posti di lavoro e dello sviluppo della comunità.

Promuovendo un senso di appartenenza e di appartenenza, essi contribuirebbero alla rivitalizzazione dei quartieri circostanti, attirando nuovi residenti, imprese e investimenti.

Queste comunità rivitalizzate diventerebbero destinazioni attraenti per i turisti e i visitatori, stimolando le economie locali e generando nuovi flussi di reddito.

Inoltre, il potere trasformativo dello sport si estenderebbe al regno dell'inclusione sociale e dell'equità. Creando opportunità per tutti i membri della comunità, indipendentemente dal loro background o dalle loro capacità, questi centri abbatterebbero le barriere e promuoverebbero una società più inclusiva ed equa.

Essi costituirebbero un rifugio sicuro per i giovani emarginati, offrendo loro un senso di appartenenza e di scopo e riducendo la loro vulnerabilità alla criminalità e all'esclusione sociale.

Il futuro delle città italiane è immensamente promettente per un futuro più sostenibile e inclusivo, in cui il potere trasformativo degli sport di comunità,

Come lo sviluppo dello sport a livello di comunità si è inserito nel tessuto della vita urbana.

Questa visione, tuttavia, non è solo un ideale utopico, ma un obiettivo tangibile alla nostra portata.

Con l'impegno all'azione collettiva, un pensiero innovativo e una fiducia condivisa nel potere dello sport di creare cambiamenti positivi, possiamo trasformare questa visione in realtà.

Intraprendiamo questo viaggio insieme, lasciandoci alle spalle un'eredità di città vibranti, inclusive e resilienti per le generazioni a venire.

Principali risultati e raccomandazioni politiche

Questo libro ha presentato un'argomentazione convincente per un approccio olistico al rinnovamento urbano in Italia, enfatizzando il potere trasformativo delle comunità sportive.

potere trasformativo dello sviluppo comunitario basato sullo sport

Nei capitoli precedenti abbiamo esplorato le sfide che le città italiane si trovano ad affrontare, in particolare il problema pervasivo del declino urbano e i costi sociali ed economici ad esso associati.

La teoria delle "finestre rotte" è servita a ricordare l'insidioso legame tra degrado fisico e disordine sociale, sottolineando l'urgente necessità di interventi che affrontino sia il problema fisico che quello sociale, del degrado urbano.

Abbiamo sostenuto che la riconversione di spazi abbandonati in centri sportivi orientati alla comunità rappresenta una soluzione praticabile e sostenibile per rivitalizzare aree trascurate, favorire la partecipazione della comunità e promuovere l'inclusione sociale.

Il potere intrinseco dello sport di promuovere la coesione sociale, lo sviluppo economico e la prevenzione del crimine è stato esaminato meticolosamente.

Investendo strategicamente nelle infrastrutture sportive e coinvolgendo le comunità nello sviluppo e nella gestione, possiamo sfruttare l'impatto positivo dello sport come catalizzatore di cambiamenti positivi.

Il libro ha sottolineato l'importanza di un approccio multisettoriale, sostenendo la collaborazione tra le autorità locali, le organizzazioni comunitarie, le forze dell'ordine, gli enti locali e le associazioni sportive.

Le autorità locali, con le organizzazioni comunitarie, le forze dell'ordine e professionisti dello sport per garantire il successo a lungo termine di queste iniziative.

La creazione di un senso di appartenenza alla comunità è fondamentale, in quanto garantisce la sostenibilità e l'impegno dei residenti.

Il Caso Roma Capitale

Sono 119 in tutto gli impianti di Roma Capitale: 14 sono quelli chiusi e abbandonati.

Per la guardiania di 6 di questi (Palatiziano, via Sannio, via Pontecorvo, via Casal Bianco, largo Davanzati, via Manduria) sono stati stanziati 1,26 milioni di euro nel periodo compreso tra ottobre 2021 e dicembre 2022.

Unico progetto realmente in essere, è;

Un progetto per il recupero e la valorizzazione del **Parco del Foro Italico** è alla base della Convenzione sottoscritta tra **Sport e Salute S.p.A.** e la **Presidenza del Consiglio dei Ministri** in data 10 giugno 2022. Il progetto di riqualificazione che ha come obiettivo quello di consegnare ai cittadini di oggi e domani un polo sportivo, culturale e di intrattenimento sempre attuale, funzionale e aperto a tutti.

Veri e propri monumenti diventati un simbolo dell'altra faccia del degrado di Roma.

Sono gli impianti sportivi totalmente o parzialmente abbandonati.

Non tutto, però, sembra procedere come si deve.

Per quanto i fondi risultino già da tempo assegnati, le procedure di riqualificazione sono attualmente rallentate dalla burocrazia e dalle divergenze di vedute.

In alcuni casi, come per lo Stadio Flaminio, poi, non si è ancora deciso che cosa fare.

A oggi, però, non se n'è fatto nulla.

Il Campidoglio, si trova di fronte a un dilemma: demolire la struttura per ricostruirla, in presenza di fondi, oppure ristrutturarlo.

I grandi eventi sportivi possono essere un punto di ripartenza sia per dare nuova vita agli stadi e alle strutture sportive abbandonate sia per promuovere lo sviluppo e la crescita socioeconomica del territorio.
Punti di partenza per un rilancio che stenta a decollare, nonostante le promesse.
È naufragata la candidatura di Roma alle Olimpiadi 2024, lo scorso anno è stata bocciata anche la proposta di tenere nella Capitale i Giochi del 2036.
Occasioni perse, per un rilancio che guarda al prossimo Giubileo.

I casi di studio italiani presentati nel libro

Essi forniscono una prova tangibile del potenziale trasformativo della riqualificazione di spazi abbandonati. Mostrando i successi dei centri sportivi comunitari in varie città italiane, abbiamo dimostrato la fattibilità e l'impatto di questo approccio.

Questi casi studio hanno evidenziato l'importanza di un'attenta pianificazione, del coinvolgimento della comunità e dell'impegno per l'inclusione e l'accessibilità.

Oltre ai benefici immediati dello sviluppo comunitario basato sullo sport, abbiamo esplorato l'impatto più ampio del rinnovamento urbano sul benessere sociale, economico e ambientale delle comunità.

I centri sportivi possono fungere da catalizzatori per un ecosistema urbano vivace e sostenibile, contribuendo a migliorare la salute pubblica, a incrementare il turismo e a rinnovare il senso di orgoglio della comunità.

L'importanza dell'inclusione sociale e dell'equità è stata sottolineata in tutto il libro.

Riconoscere e affrontare le barriere sociali ed economiche alla partecipazione sportiva è fondamentale per garantire che tutti i membri della comunità abbiano l'opportunità di beneficiare di queste iniziative.

Dando alle comunità la possibilità di appropriarsi dei loro spazi urbani, possiamo promuovere un senso di autonomia e costruire un futuro più luminoso per tutti.

Guardando al futuro, abbiamo delineato una visione per un futuro in cui le città italiane siano vivaci, inclusive e resilienti, evidenziando il potenziale per una nuova era di rinnovamento urbano e progresso sociale.

Il libro ha lanciato un appello all'azione, esortando ad investire nello sviluppo dello sport a livello di comunità come potente strumento di rinnovamento urbano e trasformazione sociale.

Il potere trasformativo dello sport risiede nella sua capacità di unire le persone, favorendo il senso di comunità, promuovendo l'inclusione sociale e il rafforzamento degli individui.

È un potente strumento per costruire un futuro più giusto e sostenibile per tutti.

Abbracciando un approccio olistico al rinnovamento urbano, dando priorità all'impegno della comunità e sfruttando il potere trasformativo dello sport, le città italiane possono superare le sfide del declino urbano e creare un'eredità di spazi urbani vivaci, inclusivi e resilienti.

Un appello all'azione

Il momento di agire è adesso!

Il paesaggio urbano italiano è maturo per essere trasformato e lo sviluppo dello sport a livello di comunità e lo sviluppo dello sport a livello di comunità rappresenta una potente soluzione alle pressanti sfide del declino urbano e del disordine sociale.

Investire in queste iniziative non significa semplicemente costruire impianti sportivi, ma costruire comunità più forti e resistenti.

Immaginate un quartiere, un tempo afflitto dall'incuria e dalla criminalità, che ora pulsa di vita e di obiettivi.

Edifici abbandonati trasformati in vibranti centri sportivi comunitari, animati da suoni di bambini che ridono, giovani che si allenano e famiglie che si relazionano.

Questi spazi sono più che semplici luoghi di gioco: sono centri di attività che favoriscono la coesione sociale, offrono opportunità di sviluppo delle competenze e promuovono stili di vita sani.

Non si tratta di un sogno utopico, ma di una realtà tangibile e a portata di mano.

Le prove convincenti presentate in questo libro, da casi di studio di successo a risultati di ricerca convincenti, dimostrano il potere di trasformazione dello sviluppo comunitario basato sullo sport.

Per troppo tempo le comunità emarginate che sono state trascurate e non servite.

Ma investendo in iniziative sportive orientate alla comunità, possiamo sbloccare il potenziale di questi quartieri, consentendo ai residenti di assumere il controllo del proprio futuro.

Questo appello all'azione non è rivolto a un singolo ente.

È un appello a tutte le parti interessate - agenzie governative, investitori privati, organizzazioni comunitarie, federazioni sportive e singoli cittadini - affinché riconoscano l'immenso valore di queste iniziative.

Ecco come possiamo creare collettivamente una nuova ondata di rinnovamento urbano.

Agenzie governative:

Stanziare fondi dedicati

Dare priorità agli stanziamenti di bilancio per i programmi di sviluppo sportivo a livello comunitario,

garantire un flusso costante di risorse per sostenerne l'implementazione e la sostenibilità.
L'attuazione e la sostenibilità.

Snellire i processi di autorizzazione

Semplificare le procedure burocratiche per la conversione di spazi abbandonati in centri sportivi, incoraggiando gli investimenti privati e accelerando le tempistiche dei progetti.

Sviluppare programmi di incentivazione

Implementare agevolazioni fiscali o sussidi per gli sviluppatori e gli investitori che scelgono di riconvertire gli spazi abbandonati in impianti sportivi comunitari.

Promuovere partnership collaborative

Facilitare la collaborazione, tra agenzie governative, organizzazioni comunitarie e organizzazioni sportive per creare un quadro coeso per lo sviluppo e l'attuazione dei progetti.

Investitori privati
Riconoscere il ritorno sociale degli investimenti

Abbracciare il concetto di social impact investing, comprendendo che gli investimenti nello sviluppo dello sport comunitario generano benefici sociali ed economici tangibili, al di là del puro ritorno finanziario.

Investire in infrastrutture sostenibili

Dare priorità alla costruzione di centri sportivi efficienti dal punto di vista energetico ed ecocompatibili, contribuendo alla sostenibilità ambientale e al risparmio economico a lungo termine.

Collaborare con le comunità locali

Coinvolgere i membri della comunità nelle fasi di pianificazione e progettazione, assicurandosi che il progetto sia in linea con le loro esigenze e aspirazioni, con conseguente maggiore partecipazione e titolarità.

Mobilitare le risorse della comunità

Coinvolgere volontari, reclutare allenatori e raccogliere fondi all'interno della comunità per contribuire al successo del progetto.

Sviluppare una programmazione su misura

Offrire attività sportive diverse che rispondano agli interessi e alle esigenze di tutti i membri della comunità, promuovendo l'inclusione e l'accessibilità.

Difendere le esigenze della comunità

Rappresentare la voce della comunità, sostenendo politiche e iniziative che supportino lo sviluppo dello sport a livello comunitario.

Federazioni sportive
Investire nei programmi di base

Espandere il raggio d'azione e le risorse alle comunità meno servite, offrendo opportunità di formazione, certificazioni per gli allenatori e accesso alle attrezzature.

Promuovere l'inclusione sociale

Incoraggiare la partecipazione di persone con disabilità, di diverse origini etniche e di gruppi emarginati, assicurando che lo sport sia una forza di coesione sociale.

Collaborare con le organizzazioni della comunità

Collaborare con le organizzazioni comunitarie locali per sfruttare le loro competenze e il loro raggio d'azione, creando una rete di sostegno per i programmi sportivi della comunità.

Singoli cittadini
Sostenere le iniziative locali

Fare volontariato, donare ai programmi sportivi locali e incoraggiare la partecipazione agli eventi della comunità.

Diffondere la consapevolezza

Condividere informazioni sull'impatto positivo dello sviluppo comunitario basato sullo sport, ispirando altri a sostenere la causa.

Esigere responsabilità

Chiedere alle autorità locali e ai responsabili politici di attuare politiche che sostengano lo sviluppo sportivo a livello di comunità.

Lavorando insieme, possiamo creare un potente movimento per un cambiamento positivo.

Non si tratta solo di costruire impianti sportivi; si tratta di costruire un futuro più luminoso per le città italiane, una comunità alla volta.

È giunto il momento di investire nelle nostre comunità e di liberare il potere trasformativo dello sport per costruire un futuro più giusto, equo e sostenibile.

Il potere dell'azione collettiva

Il potere dell'azione collettiva è alla base del raggiungimento di uno sviluppo urbano sostenibile.

Non si tratta semplicemente di avviare un cambiamento da parte del governo o di enti privati, ma di sfruttare la volontà collettiva, l'energia e le risorse delle comunità stesse.

Ciò implica un passaggio fondamentale da approcci dall'alto verso il basso a iniziative dal basso verso l'alto, in cui i residenti diventano parte attiva nel plasmare i loro quartieri e nel costruire un futuro condiviso.

Nel contesto delle città italiane, la rivitalizzazione degli spazi abbandonati attraverso la loro riconversione in centri sportivi orientati alla comunità è un esempio ideale del potenziale trasformativo dell'azione collettiva.

Immaginate uno spazio urbano trascurato, un tempo simbolo di declino e apatia, rinascere come un vibrante centro di attività.
Non si tratta solo della trasformazione fisica, ma anche di quella sociale.
E la trasformazione sociale che ne consegue.
Si tratta di residenti che si uniscono, si appropriano del loro spazio e investono in una visione condivisa per la loro comunità.
Il successo di questo processo di rivitalizzazione dipende dall'impegno attivo della comunità.

Questo impegno può manifestarsi in vari modi:
Progettazione partecipata

Il coinvolgimento dei residenti nella progettazione e pianificazione del centro sportivo assicura che le loro esigenze, preferenze e aspirazioni si riflettano nel progetto, preferenze e aspirazioni si riflettano nel progetto finale.
Questo senso di appartenenza favorisce l'orgoglio e un forte impegno per il successo dell'iniziativa.

Programmazione su base comunitaria

Creare programmi che rispondano ai diversi interessi e bisogni della comunità garantisce un'elevata partecipazione e favorisce il senso di appartenenza.
Ciò include l'offerta di una serie di attività sportive, programmi ricreativi ed eventi comunitari programmi ricreativi ed eventi comunitari che si rivolgono a persone di ogni età, provenienza e abilità.

Volontariato e amministrazione

Incoraggiare i residenti a contribuire con il loro tempo, le loro competenze e le loro risorse al centro sportivo non solo rafforza l'iniziativa, ma crea anche un senso di responsabilità condivisa e di spirito comunitario.
L'azione collettiva non si limita alla partecipazione, ma consiste nel creare partenariati e promuovere la collaborazione tra i vari soggetti interessati.
Ciò significa lavorare a stretto contatto con le autorità locali, le organizzazioni comunitarie, i club sportivi e le imprese per creare un ecosistema di sostegno all'iniziativa.

Creare partenariati
Autorità locali

La ricerca di sostegno e finanziamenti da parte delle autorità locali è fondamentale per garantire le risorse e l'attuazione del progetto.
Questo assicura anche che l'iniziativa sia in linea con gli obiettivi di pianificazione urbana più ampi.

Organizzazioni comunitarie

La collaborazione con le organizzazioni della comunità, come i gruppi giovanili, i centri anziani e le associazioni culturali, può sfruttare le loro competenze e le loro reti per raggiungere un pubblico più ampio e reti per raggiungere un pubblico più ampio e promuovere un ambiente più inclusivo.

Club sportivi

La collaborazione con i club sportivi locali può fornire l'accesso a professionisti qualificati, attrezzature e reti esistenti di atleti e appassionati.

Aziende

Coinvolgere le imprese della zona può portare un sostegno finanziario, offrire opportunità di lavoro e creare occasioni per iniziative basate sulla comunità.
Il successo dell'azione collettiva si basa sulla capacità di superare le sfide e affrontare le potenziali barriere.
Queste possono essere

Finanziamenti

Garantire un finanziamento adeguato può essere un ostacolo significativo, che richiede strategie innovative di raccolta fondi e l'attivazione di partnership con donatori privati, agenzie governative e organizzazioni filantropiche.

Barriere sociali ed economiche

Affrontare le barriere sociali ed economiche alla partecipazione, come la mancanza di accesso ai trasporti, ai servizi per l'infanzia o alle attrezzature a prezzi accessibili, è fondamentale per garantire l'inclusività e l'equità.

Comunicazione e sensibilizzazione

Strategie efficaci di comunicazione e sensibilizzazione sono essenziali per coinvolgere i residenti, creare fiducia e promuovere un senso di appartenenza condivisa.

L'azione collettiva per rivitalizzare gli spazi abbandonati attraverso i centri sportivi non si limita a creare attraverso i centri sportivi non riguarda solo la creazione di infrastrutture fisiche.

Si tratta di costruire comunità resilienti, favorire la coesione sociale e promuovere lo sviluppo economico.

I benefici si estendono oltre la comunità immediata, contribuendo a un futuro urbano più sostenibile e inclusivo per tutti.

Le storie di successo in Italia non sono casi isolati, ma testimoniano il potere dell'azione collettiva nel guidare un cambiamento positivo.

Lo sforzo collettivo di residenti, autorità locali e stakeholder può trasformare spazi trascurati in centri vibranti di vita comunitaria, promuovendo un senso di appartenenza, orgoglio e speranza.

In conclusione, il potere trasformativo dell'azione collettiva è innegabile.

Unendo le comunità, promuovendo le partnership e superando le sfide, possiamo sbloccare il potenziale degli spazi urbani, costruire comunità resilienti e creare un futuro più sostenibile e inclusivo per tutti.

Il futuro delle città italiane

Mentre ci troviamo sull'orlo di una nuova era per le città italiane, un senso di speranza e possibilità riempie l'aria.

Le sfide del declino urbano e della frammentazione sociale sono innegabili, ma i semi del rinnovamento sono stati gettati e un nuovo capitolo di trasformazione urbana si sta aprendo.

Non si tratta di un semplice rinnovamento fisico, ma di un profondo cambiamento di mentalità, di un riconoscimento del fatto che la rivitalizzazione del nostro territorio che la rivitalizzazione delle nostre città richiede una comprensione profonda del tessuto sociale che le lega.

Il futuro delle città italiane è nelle mani della gente, nello spirito di collaborazione che unisce comunità diverse e nella visione condivisa di un paesaggio urbano più inclusivo, equo e vibrante.

Il successo dei centri sportivi orientati alla comunità, illustrato in questo libro, è una potente testimonianza del potere di trasformazione dell'azione collettiva.

Questi centri non sono solo mattoni e malta; sono incarnazioni viventi dello spirito comunitario, fari di speranza che illuminano la strada verso un futuro più luminoso.

Immaginate un futuro in cui gli spazi abbandonati, un tempo simbolo di incuria e disperazione, rinascano come centri comunitari fiorenti, dove i bambini giocano, gli adulti trovano conforto e le famiglie si riuniscono per celebrare il loro patrimonio comune.

Immaginate un futuro in cui le strade, un tempo segnate dalla criminalità e dal disagio sociale, diventino vie vibranti di interazione umana, piene di risate, musica e dell'energia di una comunità unita.

Questo non è un sogno lontano, ma una possibilità tangibile, alimentata dall'energia collettiva di cittadini, politici e organizzazioni impegnati a trasformare le loro città.

È un futuro in cui gli sport trascendono i loro confini tradizionali e diventa un catalizzatore del progresso sociale, uno strumento potente per promuovere l'inclusione, rafforzare i giovani e costruire comunità resilienti.

Il viaggio verso questo futuro non sarà privo di sfide.

I vincoli economici, gli ostacoli burocratici e le persistenti disuguaglianze sociali possono rappresentare degli ostacoli, ma possono essere superati con la perseveranza, la collaborazione e un impegno condiviso per il bene comune.

Gli esempi di centri sportivi comunitari di successo in tutta Italia, presentati in questo libro, dimostrano il potere dell'ingegno, dell'intraprendenza e dell'impegno della comunità nel superare questi ostacoli.

Guardando al futuro, è fondamentale adottare un approccio olistico al rinnovamento urbano.

Ciò significa riconoscere l'interconnessione dei fattori sociali, economici e ambientali e affrontarli in un'ottica di fattori sociali, economici e ambientali e affrontarli in modo modo completo e sostenibile. Investire in centri sportivi orientati alla comunità non è una soluzione isolata, ma è un tassello fondamentale di un puzzle più ampio, che contribuisce al benessere complessivo delle nostre città.

Il successo di queste iniziative dipende dal coinvolgimento attivo delle comunità locali.

È essenziale dare ai residenti la possibilità di appropriarsi dei loro spazi urbani, garantire che le loro voci siano ascoltate e che le loro aspirazioni si riflettano nella progettazione e nell'attuazione di questi progetti.

Non si tratta di un approccio dall'alto verso il basso, ma di un percorso collaborativo, in cui le comunità sono partner nel plasmare il futuro delle loro città.

Il governo italiano e le autorità locali hanno un ruolo fondamentale nel sostenere questo movimento. Fornendo finanziamenti, attuando politiche che incoraggiano le iniziative basate sulla comunità e promuovendo partnership tra enti pubblici, organizzazioni non profit e attori del settore privato, possono creare un ambiente favorevole al rinnovamento urbano.

Il futuro delle città italiane non è predeterminato, è una tela che aspetta di essere dipinta.

Con una visione condivisa, uno spirito collaborativo e l'impegno a investire nelle nostre comunità, possiamo creare un futuro in cui le città italiane non siano solo vivaci e inclusive, ma anche resilienti e sostenibili.

Questa non è solo una visione per le nostre città; è una visione per un futuro migliore per le generazioni a venire.

Un'eredità di trasformazione

Immaginate una città in cui spazi un tempo abbandonati, in cui riecheggiano i fantasmi delle industrie del passato, ora pulsano con l'energia della vita, delle risate e del perseguimento di sogni sportivi. Questa è la visione che guida il potere trasformativo dello sport, una visione che possiamo far vivere nelle città italiane.

Abbiamo visto come gli spazi urbani trascurati diventino terreno fertile per il disordine sociale, riflettendo la teoria delle "finestre rotte".

Ma se ribaltassimo il copione?

Se sostituissimo le facciate fatiscenti con vivaci impianti sportivi?

Immaginate queste strutture non solo come luoghi di attività fisica, ma come centri di aggregazione, connessione e inclusione sociale.

Il potenziale è innegabile.

Lo sport, per sua natura, favorisce la collaborazione, il lavoro di squadra e un senso di condivisione.

Abbatte le barriere, unisce gruppi diversi e dà potere agli individui.

Insegna preziose lezioni di vita, infonde disciplina e costruisce la resilienza.

Ma al di là di questi benefici individuali, c'è un profondo impatto sociale.

Trasformando spazi abbandonati in centri sportivi comunitari, non ci limitiamo a risolvere il problema del degrado fisico, ma creiamo un simbolo tangibile di speranza e di creare un simbolo tangibile di speranza e rinnovamento.

Questi centri diventano catalizzatori di crescita economica, attirando investimenti e creando posti di lavoro.

Offrono opportunità di sviluppo delle competenze, favorendo l'empowerment economico,

in particolare, per le comunità emarginate.

L'impatto si estende oltre l'ambito economico.

La presenza di questa presenza di questi spazi vivaci funge da deterrente per la criminalità, favorendo un senso di appartenenza alla comunità e di sicurezza.

Coinvolgendo i giovani nello sport, offriamo loro un'esperienza costruttiva.

Come alternative ai comportamenti delinquenziali, distogliendoli dai percorsi di criminalità e violenza.

Questi centri diventano più che semplici strutture sportive: diventano ancore di sicurezza e stabilità, una rappresentazione tangibile della volontà collettiva della comunità di prosperare.

La trasformazione non è solo fisica, ma anche sociale, emotiva e profondamente trasformativa,

sociale, emotiva e profondamente trasformativa.

Si tratta di creare uno spazio in cui i bambini possano sviluppare il loro potenziale, in cui gli adulti possano trovare cameratismo e sostegno e in cui la comunità possa riunirsi, celebrare le vittorie e guarire le vecchie ferite.

Ma questa visione non è solo un sogno irrealizzabile.

È un piano d'azione, un invito all'azione.

Abbiamo visto esempi di successo nelle comunità italiane, dove gli spazi riutilizzati hanno dato vita a una rinascita, rivitalizzando i quartieri e costruendo un futuro più luminoso.

Questi progetti dimostrano che il cambiamento è possibile, che le comunità possono recuperare i loro spazi e che lo sport può essere la forza trainante per un futuro più equo e sostenibile.

Per trasformare questa visione in realtà, abbiamo bisogno di uno sforzo collettivo, di una partnership tra amministrazioni locali, organizzazioni comunitarie, professionisti dello sport e, soprattutto, di una collaborazione con le associazioni sportive.

Tra organizzazioni comunitarie, professionisti dello sport e, soprattutto, i residenti stessi.

Dobbiamo investire in queste iniziative, sia finanziariamente che intellettualmente.

Dobbiamo dare alle comunità la possibilità di appropriarsi dei loro progetti, per garantirne la fattibilità e la sostenibilità a lungo termine.

E mentre costruiamo questi centri sportivi, ricordiamoci che non si tratta solo di attività fisica; si tratta anche di
di favorire i legami umani, di coltivare l'inclusione sociale e di costruire un'eredità di trasformazione. Sono una testimonianza del potere dell'azione collettiva, un simbolo di speranza per un futuro migliore, un futuro in cui le città italiane non sono definite dal declino, ma dalla resilienza, dall'innovazione e dalla capacità di adattamento e dallo spirito sconfinato del potenziale umano.

Ringraziamenti

Questo libro è una testimonianza della saggezza collettiva e del sostegno di numerose persone e organizzazioni che hanno contribuito alla sua creazione.

Sono profondamente grato ai miei mentori, colleghi e amici che hanno fornito guida e incoraggiamento inestimabili durante questo viaggio.

Innanzitutto, rivolgo la mia più sentita gratitudine al, **Prof. Catapano della Accademia Auge** la cui incrollabile fiducia nel mio lavoro è stata fonte di ispirazione e motivazione.

Il suo feedback perspicace e la sua guida esperta hanno plasmato la direzione e la chiarezza di questo libro.

Sono anche in debito con la mia amata moglie Otiaky le cui conversazioni e collaborazioni di ricerca approfondite hanno arricchito la mia comprensione dell'argomento.

La loro disponibilità a condividere la loro esperienza e a mettere in discussione le mie ipotesi è stata preziosa.

Un ringraziamento speciale va **alla Libertè Cherie APS,** ad **Ensi Sport e all'UPES – Università Popolare Ensi Sport** per il loro incessante sostegno e contributo a questo progetto.

La loro dedizione allo sviluppo della comunità e al cambiamento sociale basato sullo sport ha ispirato questo lavoro.

Sono eternamente grato alla mia famiglia e ai miei amici per il loro costante amore, sostegno e comprensione

La loro incrollabile fiducia in me è stata una fonte di forza e di resilienza durante tutto questo impegno.

Questo libro che oltre al mio adorato padre, Vincenzo, che ci ha lasciato, è dedicato a tutti coloro che stanno lavorando instancabilmente per creare spazi urbani più sicuri, vivaci e inclusivi per le generazioni a venire.

Books:
Wilson, James Q., and George L. Kelling. "Broken Windows: The Police and Neighborhood Safety." *Atlantic Monthly*, vol. 249, no. 3, 1982, pp. 29-38.

Putnam, Robert D. *Bowling Alone: The Collapse and Revival of American Community*. Simon & Schuster, 2000. - Florida, Richard. *The Rise of the Creative Class: And How It's Transforming Work, Leisure, Community and Everyday Life*. Basic Books, 2002.

Articles:
Shaw, Clifford R. "The Jack-Roller: A Delinquent Boy's Own Story." *The American Journal of Sociology*, vol. 34, no. 5, 1929, pp. 577-589.

Katz, Jack. *Seductions of Crime: Moral and Sensual Attractions in Illegal Activities*. Basic Books, 1988.

Beckett, Katherine. "The Politics of Crime: The Changing Structure of Urban Crime Control." *Annual Review of Sociology*, vol. 21, 1995, pp. 351-370.

Finito di Stampare
Novembre 2024
A cura di GR COMUNICAZIONE GRTC SPA